U0074367

陳攖寧 著 蒲團子 校訂

參同契講義

附 仙學必成

心一堂

書名：**參同契講義** 附仙學必成
作者：陳攖寧
校訂：蒲團子
責任編輯：陳劍聰

出版：**心一堂有限公司**
地址(門市)：香港九龍旺角西洋菜街南街5號好望角大廈1003室
電話號碼：(852)67150840
網址：http://www.sunyata.cc
http://publish.sunyata.cc
電郵：sunyatabook@gmail.com
存真書齋仙道經典文庫網上論壇：http://bbs.sunyata.cc/

版次：二〇一七年八月初版
平裝

定價：港　幣　一百八十元正
人民幣　一百八十元正
新臺幣　六百九十八元正

國際書號：ISBN 978-988-8317-75-2

香港及海外發行：**香港聯合書刊物流有限公司**
地址：香港新界大埔汀麗路三十六號中華商務印刷大廈三樓
電話號碼：+852-2150-2100
傳真號碼：+852-2407-3062
電子信箱：info@suplogistics.com.hk

臺灣發行：**秀威資訊科技股份有限公司**
地址：臺灣臺北市內湖區瑞光路七十六巷六十五號一樓
電話號碼：+886-2-2796-3638
傳真號碼：+886-2-2796-1377
網絡書店：www.bodbooks.com.tw

心一堂臺灣國家書店讀者服務中心
地址：臺灣臺北市中山區二〇九號一樓
電話號碼：+886-2-2518-0207
傳真號碼：+886-2-2518-0778
網絡書店：www.govbooks.com.tw

中國大陸發行 零售：**心一堂書店**
深圳地址：中國深圳羅湖區立新路六號東門博雅負一層零零八號
電話號碼：+86-755-8222-4934
北京地址：中國北京東城區雍和宮大街四十號
心一堂店淘寶網：http://sunyatacc.taobao.com

學理重研究不重崇拜
功夫尚實踐不尚空談
思想要積極不要消極
精神圖自立不圖依賴
能力宜團結不宜分散
事業貴創造不貴模仿
幸福講生前不講死後
信仰憑實驗不憑經典
住世是長存不是速朽
出世在超脫不在皈依

存真書齋

善的十條真義

學理重研究不重崇拜
功夫尚實踐不尚空談
思想要積極不要消極
精神圖自立不圖依賴
能力宜團結不宜分散
事業貴創造不貴模仿
幸福講生前不講死後
信仰憑實驗不憑經典
住世是長存不是速朽
出世在超脫不在皈依

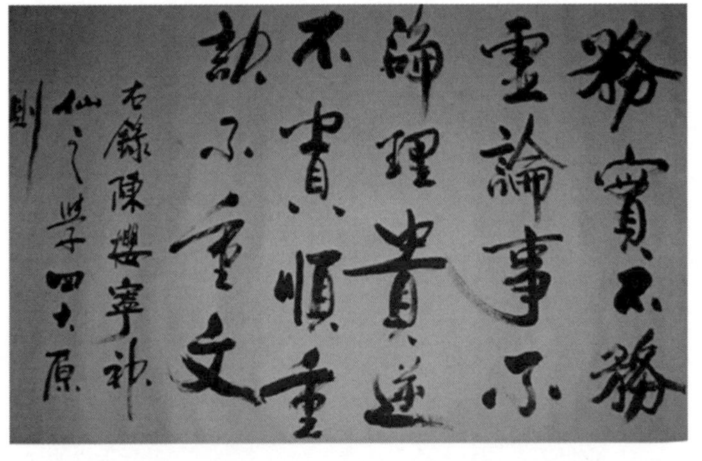

神仙學術四大原則

務實不務虛

論事不論理

貴逆不貴順

重訣不重文

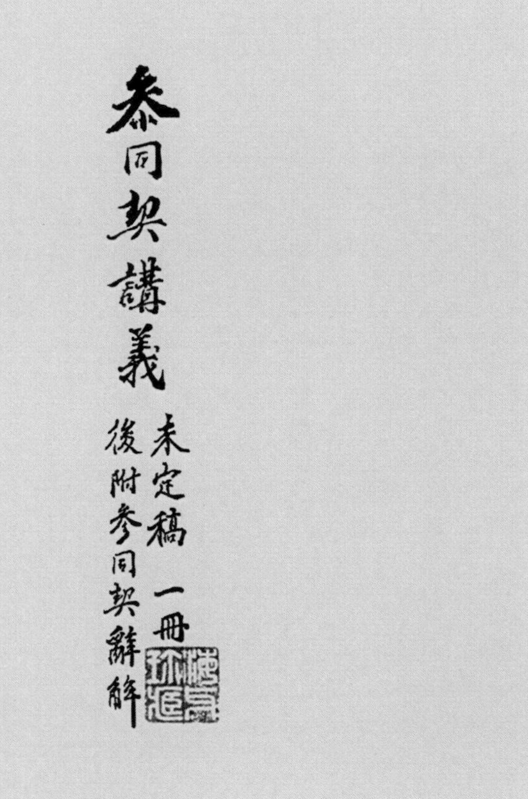

參同契講義書影一

參同契講義　上卷

周易參同章第一

乾坤者易之門戶，衆卦之父母。坎離匡廓，運轂正軸。

乾坤兩卦名，乾為天，坤為地，乾屬陽，坤屬陰。兩卦乃是易道的門戶。易一日一月也（易）故日月交光謂之易，又云闔戶為坤，闢戶為乾，故闔闢可以稱門戶。

衆卦包括六十四卦，除乾坤兩卦為父母不算。父母：乾生三男震坎艮，坤生三女巽離兌，於是陰陽相交，生子生孫，變成六十二卦，皆以乾坤為本，故曰衆卦之父母。

坎離亦是兩卦名詞，坎是水，是月，離是火，是日。兩卦陽包陰，陰包陽，如匡廓然。水和月均是外陰而內陽，火和日均是外陽而內陰，如匡廓，故如[illegible]坎離匡廓。

又如運動車轂者，必先置正轂中的車軸。若要運動轂，必須端正車軸，此處轂譬[illegible]身，軸譬猶心，謂要運用人身之水火陰陽日月，必須安正人心。附仇註：謂轂軸二字與門戶橐籥同看，亦取牝牡之意，蓋車上軸頭，正圓方不得稍有邪倚，然運轂猶人身，[illegible]剛健方能御鼎，軸指下峯，崑崙不指中心主宰，下文處中制外方言人正心。

牝牡四卦，以為橐籥。覆冒陰陽之道，猶工御者準繩墨，執銜轡，正規矩，隨軌轍。（御者之執銜轡有準繩）

處中以制外。

二影書義講契同參

道則終於坤陰、即始於復陽、如循連環、川流不息、帝王若能秉御此炁、即同

此炁之終則復始、循環往復、川流不息、無有窮期、而千載常存矣、梅隱注云此結上文提出皇

王之學覺運化消息相因之妙乃無心而成化者易曰無平不陂無往不復此天道之自然也丹家觀天運之
變易盛衰而知消息之相因於卦圖之終坤始復而識大經之循環能法此以秉御天則壽命在我可以千載
常存 又上陽子 注帝王秉御千載常存者黃帝煉九還大丹
矣 丹成之後乘龍上升也

性命根宗章第三十

將欲養性、延命却期、當思後末、當慮其先、人所秉軀體本一無、元精流布因炁

託初、

吾人將欲修養其性、延長其命、而卻退其死期者、則但思其後末、即將來之事也 當窮

究其始先、窮究即慮也思後末者即欲卻死也欲卻死則必須窮原生身受炁之初 始先何如、則人
以修性命逆復而以不死孔子云原始反終是故知死生之說

所秉之軀體、本來是一是無、一者何、先天一炁、太極也、無者何、無名天地之

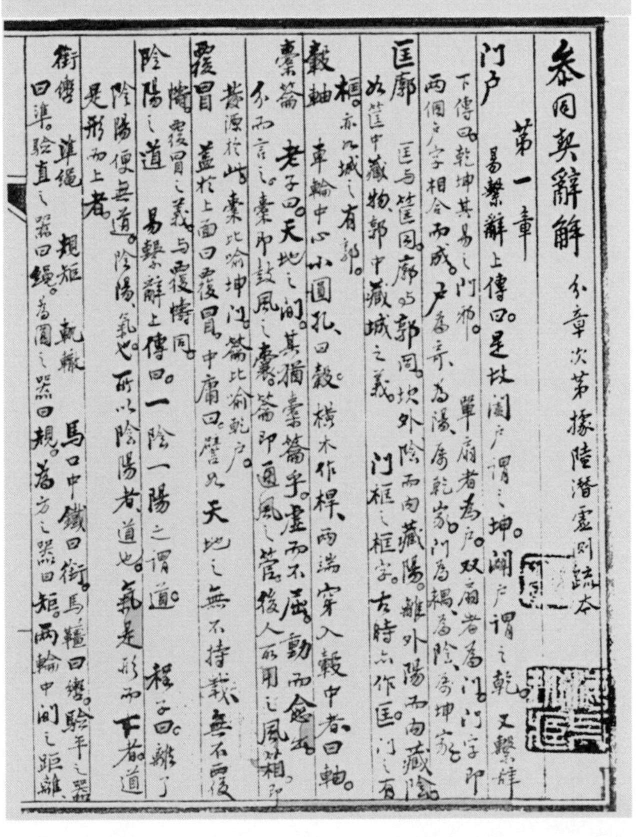

叅同契辭解　分章次第據陸潛虛測疏本

第一章

門戶　易繫辭上傳曰。是故闔戶謂之坤。闢戶謂之乾。又繫辭下傳曰。乾坤其易之門邪。單扇者為戶。双扇者為門。門字即兩個戶字相合而成。戶為奇、為陽、為乾家。門為耦、為陰、為坤家。

匡廓　匡與筐同。廓與郭同。坎外陰而內藏陽。離外陽而內藏陰。如筐中藏物，郭中藏城之義。門框之框字。古時亦作匡。門之有框。亦如城之有郭。

轂軸　車輪中心小圓孔曰轂。橫木作桿，兩端穿入轂中者曰軸。

橐籥　老子曰。天地之間。其猶橐籥乎。虛而不屈。動而愈出。分而言之。橐即鼓風之囊。籥即通風之管。後人所用之風箱。即橐籥。源於此。橐比喻坤門。籥比喻乾戶。

覆冒　蓋於上面曰覆冒。中庸曰。譬如天地之無不持載，無不覆幬。覆冒之義。與覆幬同。

陰陽之道　易繫辭上傳曰。一陰一陽之謂道。　程子曰。離了陰陽便無道。陰陽、氣也。所以陰陽者，道也。氣是形而下者，道是形而上者。

銜轡　準繩　規矩　軌轍　馬口中鐵曰銜。馬韁曰轡。驗平之器曰準。驗直之器曰繩。為圓之器曰規。為方之器曰矩。兩輪中間之距離、

參同契講義書影四

誡條　後列九條，宜寫在封面。今姑且錄於本篇首頁中。

一　此書只許本系統內諸■友鈔錄，不可讓外人鈔錄。

二　非本■■諸友，若工夫已有程度，立志上進者，可先看余已經出版各■書及揚善雜誌、仙道月報等，俟其對於余之學說有相當之認識，遇有機會，或可將此書給他一觀，但只能來家中閱覽，不可借出門，更不可鈔錄。

三　若其人確屬至誠君子，閱此書後，不欲再求深造者，須正式歸入本系統之內，方許為他詳細說明，否則不負解釋之責。

四　關於實行工夫，先天後天各種作用，余遵守師誡，未嘗詳細寫出，况且此等作用，亦非筆墨所能形容，望諸■友嚴

一影書成必學仙

篇前語

仙學乃超人之學，非一般人所能奉行。余往日註解幾種道書，乃專為少數同志而作，原無普遍流傳之意，與宗教家傳教的性質，絕不相同，本篇亦然。

浮生若夢，聚散無常，未知何日方能再見，因特寫此篇留贈，聊以筆墨代口授耳。

此篇約計萬餘言，雖為余四十載研究之結晶，但限於篇幅，宇宙间為什麽要生人生物。這個問題、最難解答。留到後来再研究。我們現在所急須知道的、就是用如何方法可以免除老病死之苦。

生與死、是相對的。既有生。自然有死。若要不死。先須不生。所以佛家專講無生。果真能做到無生地步。自然無死。莊子大宗師篇、殺生者不死。亦是此意。但所謂無生不死。乃心性一方面事。肉體之裏老病死。仍舊難免。痛苦依然存在。

仙家修煉工夫。因為有以上的缺點。遂注重肉體長生。欲與老病死相抵抗。雖然方法甚多。但不是每一個方法都能達到目的。

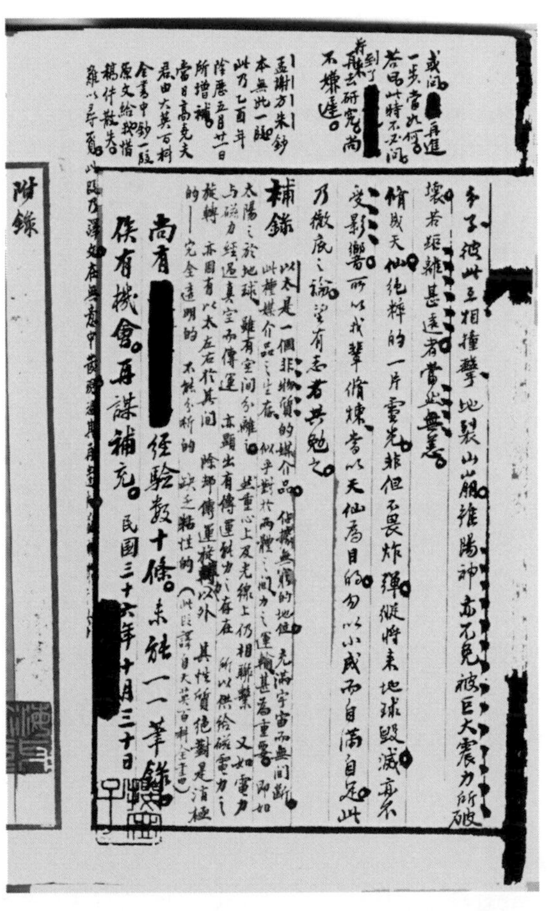

多了。彼此互相撞擊、地裂山崩。維陽神亦不免被巨大震力所破壞。若距離甚遠者、當然無恙。

脩成天仙、純粹的一片靈光。非但不畏炸彈。縱將來地球毀滅、亦不受影響。所以我輩脩煉、當以天仙為目的。勿以小成而自滿自足。此乃徹底之論。望有志者共勉之。

補錄

以太是一個非物質的媒介品。此種媒介品之生存、似乎對於兩體之間力之運輸甚為重要。佔據無窮的地位、充滿宇宙而無間斷。如太陽之於地球、雖有空間分離。然重心上及光線上仍相聯繫。又如電力與磁力經過真空而傳運、亦顯出有傳運執力之存在。所以供給磁電力之旋轉、亦因有以太在其間。除卻傳運旋轉以外、其性質絕對是消極的——完全透明的、不能分析的、缺乏黏性的。（此段譯自大英百科全書）

尚有█經驗數十條。未能一一筆錄。俟有機會。再謀補充。

民國三十六年十月三十日

或問。█再進一步、當如何。答曰：此時不必問。若到了█、再去研究、尚不嫌遲。

「孟」「謝」「方」「朱」鈔本無此一段。此乃乙酉年陰曆五月廿一日所增補。

當日高克夫君由大英百科全書中鈔一段原文給我。惜稿件散失。難以尋覓。此段乃譯文。

附錄

慮俗屏石漱流枕
天性養水漁山樵
書華萬林　擬子團蒲

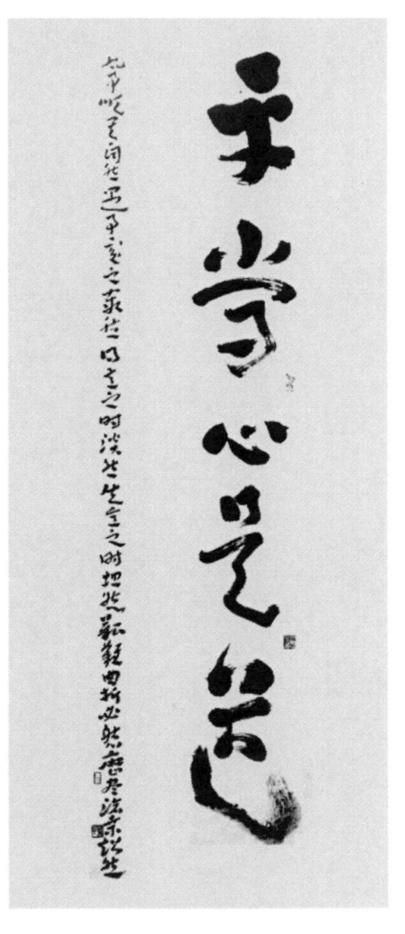

道是心常平
(書華萬林)

存真書齋仙道經典文庫緣起

仙道學術，淵遠流長，自軒皇崆峒問道，至今已歷數千年。然歷代仙道大家之經典著述，由於時代之變遷，或埋於館藏，或收於藏海，或佚於民間，或存於方家，若欲覓之，誠爲不易。故對一些孤本要典進行重新編校整理，以免其失落，實屬必要。存真書齋仙道經典文庫之編輯，即由此而起。

存真書齋仙道經典文庫之整理計劃始於二〇〇四年，雖已歷五年，然由於諸多原因，公開出版頗費周折，文庫之第一種道言五種僅以自印本保存，流通之願難以得償。香港心一堂出版社社長陳劍聰先生，雅好道學，嘗以傳播中華固有之傳統文化爲己任。在得知存真書齋仙道經典文庫出版之困難後，遂致電於愚，願將文庫公開出版，以廣流通。善莫大焉。

存真書齋仙道經典文庫之整理出版，意在保留仙道文化之優秀資料，故而其所入選者，以歷代具有代表性的仙道典籍或瀕於失傳之佳作爲主，內容皆須合乎正統仙道之原則，不涉邪僞。凡不合乎於此者，縱爲珍本，亦不在整理之列。

本文庫之整理出版，得到了胡海牙老師的大力支持，及存真書齋諸同仁的通力協助，在此謹致以衷心的謝意。另外，還要特別感謝心一堂出版社陳劍聰先生對文庫出版所提供的方便，及張莉瓊女士、王磊龍靈老弟、劉坤明先生爲文庫的整理、出版所付出的努力與關心。

願文庫之出版，能爲仙道文化資料之保存小有裨益，則愚等之願遂矣。

己丑夏日蒲團子於存真書齋

胡海牙序

參同契一書，雖被歷代丹家譽爲「萬古丹經王」，然滿紙隱言譬語，辭深義奧，頗難讀懂。歷代註家紛紛，亦多厚此薄彼，顧左右而言他，能全部貫通者絕少。是書雖爲古今修士必讀之作，然若未逢真師指授，閱之亦感莫名其妙。

一九三七年，日寇進攻上海，由於戰事，上海翼化堂善書局出版發行的全國唯一的，也歷史上唯一的，專門弘揚道家仙學學術的雜誌揚善半月刊被迫停刊。當時上海道學界、道教界、仙學界同仁，深恐仙學學術的研究，因揚善半月刊之停止，而不能競續，以致對剛有起色之道家文化、道教文化以及陳攖寧先生極力倡導的仙學文化的發展，產生負面影響，故經與先師攖寧夫子、汪伯英師兄及當時翼化堂主人張竹銘師兄等商議，於一九三八年五月，創辦了僅供少數仙學研究者相互印證、研習仙學學術的仙學院。這也是空前的。當時先師陳攖寧先生在仙學院作定期講座，講授仙學知識，講解仙學經典。由於講課之需，陳老師在此期間完成了參同契講義。當時是由陳攖寧先生口授，汪伯英師兄筆錄。筆錄完成之後，汪伯英師兄即將手稿交於陳攖寧先生。故參同契講義雖曾公開宣講，而做有記錄者，僅此一鈔本，其他人先師未允做筆錄。

一九五三年，余接陳攖寧老師來杭州銀洞橋慈海醫室余家定居，老師將其所藏之珍本、秘本一同帶來。其中有參同契講義未定稿、三一音符及整套的先師評點本揚善半月刊、仙道月報等，還有大量的外丹經典。在余與老師共處中，共同研究仙學學術是我們師徒每日的必修課。在此期間，余請老師爲我將參同契單獨講解一番。攖寧先生即以汪伯英師兄鈔本爲藍本，爲余詳細講授參同契之奧義，並對講義本未能盡言者，復作參同契辭解一册，附於汪伯英師兄手鈔本之後。時汪伯英師兄已然辭世，故辭解本其亦未曾得見。既如此，陳老師亦覺未能完全發揮參同契之奧義，遂在其書親筆題寫的鈔本封面上又添「未定稿」三字，並囑余保存此鈔本，待有機會，再進行增補。世傳師有悟真篇講義，誤。

此書雖未敢言盡泄修仙天機，然較之前人註解，確有不可同日而語者，乃今日喜好仙學養生之士不可多得的參考資料。本次整理出版，將講義與辭解合於一處，以便於讀者之閱讀。

另，此書雖多言及口訣，然亦須真師傳授，方可下手行功。

是爲序。

丁亥夏初胡海牙謹識

蒲團子序

參同契，又稱周易參同契，東漢魏伯陽著。是書問世以來，凡研習仙道學問者，莫不奉爲圭臬，故又稱其爲「萬古丹經王」。此書歷代註家紛紛，有以陰陽立論者，有以清靜闡講者，有以外丹發揮者，各執見解，莫衷一是。參同契講義，則是陳攖寧先生一九三九年於上海仙學院授課時之第二種有完整文字記載的講義第一種是由上海丹道刻經會公開刊刻出版的靈源大道歌白話註解。

一九三七年，全面的抗日戰爭已經開始，全國唯一的仙學雜誌揚善半月刊也因戰亂於一九三七年八月一日總第九十九期出版後停刊揚善半月刊創刊於一九三三年七月一日。或許出於對仙道學術的保護，或許是爲了團結當時的仙道同志，張竹銘先生等人，於一九三八年五月創辦了仙學院，作陳攖寧先生星期講道及諸同道修習靜功之用。仙學院的第一種講義，是靈源大道歌白話註解，一九三九年一月由丹道刻經會刊刻出版。參同契講義則是有文字流傳的第二種仙學院講義。根據署名「閩西無餘子」之庚辰孟春仙學院聽講參同契已畢作歌見意庚辰即一九四〇年中「悟真講罷說參同」一語，可知陳攖寧先生在講授參同契之前，或曾講述悟真篇，但未見有悟真篇講義之文字資料流傳。

陳攖寧先生參同契講義，當時只允汪伯英先生鈔錄，其他人均未獲鈔錄。汪伯英先生鈔本最後交由陳攖寧先生保存。一九五三年，陳攖寧先生定居胡海牙老師家中後，又以汪伯英先生鈔本爲底本，爲胡海牙老師重新講解了參同契，並作參同契辭解一部，附於參同契講義之後。陳攖寧先生認爲，講義尚有未完善之處，故在其題寫的書名上，註明「未定稿」三字，以期後來再行修訂。在陳攖寧先生爲胡海牙老師重新講解參同契之後，尚重新鈔錄過一册精要本參同契講義。鈔錄者爲何人，當年未曾向胡海牙老師求證，故不得而知。此精要本一直保存在胡海牙老師處。根據字蹟，及某篇所載「此章重新註過」等，余覺此與陳攖寧先生早期鈔本字蹟頗爲相似。但鈔本的疏漏不少，似又非陳攖寧先生親鈔。姑聊備一格，以供參考。

二十世紀九十年代初，因某種因緣，胡海牙老師計劃公開出版陳攖寧先生參同契講義，惜所託非人，幾經周折，最終未能如願。一九九七年前後，老師將汪伯英先生鈔本參同契講義交付於余，囑余整理。在整理過程中，胡海牙老師囑余對原稿進行相應的删削。余先將原稿複印，再將原件送歸老師，然後每天正常工作之餘，於住所進行相關整理工作，並在每周日晨練後，回老師家中與老師共同討論整理好的內容以定稿。如是者三月有餘。由於當日水平有限，識見不足，雖無敢稍懈，然整理稿仍有不少紕漏。

二〇〇五年，余再次認真閱讀陳攖寧先生的參同契講義，並對初次整理稿進行了修正。二〇一七年夏初，余第三次對以前的整理稿進行修正，以期更爲完善。

陳攖寧先生參同契講義，純爲仙學修煉之真機，講清淨而不離陰陽，論陰陽而不外清淨，理論圓融，方法精捷，爲學仙好道之士不可不讀之作。雖爲未定稿，然較之前人閃爍其辭，確有不可同日而語者。

自從余與老師初次整理之參同契講義收錄於仙學必讀一書中公開出版以來，曾有人謂，陳攖寧先生參同契講義只註解到二十多章，中間尚有二十餘章未註。這種說法從何而來，目的何在，不得而知，但當時影響頗眾。陳攖寧先生參同契講義部分，除了少數幾章註明「此章無甚深意，不必細解」之類文字外，其他章節均有完整註釋。僅參同契辭解則自第二十六章至四十五章，未做註釋。特此說明。

整理完善的參同契講義，一直是老師的一個心願。惜未能在老師生前將這項工作完成，也不無遺憾。此次整理，也算是了却自己的一樁心願。希望此書的出版，能對閱讀者有所助益。

二〇一七年六月十二日農曆五月十八日蒲團子於玄玄居

編輯大意

一　參同契講義係存真書齋仙道經典文庫第十六種，收錄陳攖寧先生一九三九年左右在上海仙學院講授之仙學經典參同契講義，附錄仙學必成。

二　參同契，又稱周易參同契，東漢魏伯陽著，世稱「萬古丹經王」。陳攖寧先生參同契講義，是一九三九年其在上海仙學院講課時的講義。分章次第依據陸西星周易參同契測疏。此書當年在仙學院講授時，僅允汪伯英先生一人鈔錄，其他均未允留文字記錄。一九五三年，陳攖寧先生遷居杭州銀洞橋廿九號胡海牙老師的家中後，重新審訂此稿，並在爲胡海牙老師重新講授參同契時，又增著參同契辭解一部。陳攖寧先生一直認爲參同契講義尚有未完滿之處，故裝訂此書時，在裝訂本封面註明「未定稿」三字。

三　參同契講義手本，現在存世者有兩種。一種是汪伯英先生鈔寫本，後附陳攖寧先生手著參同契辭解一部。另一種是陳攖寧先生爲胡海牙老師講解後另鈔一本，内容較汪伯英先生鈔寫本簡捷。兩種均經陳攖寧先生親自校訂。第二種鈔本有大量胡海牙老師的校訂記錄。

四　汪伯英先生鈔寫本，自金火銖兩章第二十三「下有太陽氣」節始，至卦律火符章第二十九「姤始紀緒」節止，每節註解文字前均註有「直解」二字。

五　第二種鈔本，比汪伯英先生鈔本更爲簡潔。從最初的章節來看，格式原由「本文」、「釋辭」原作「細註」，後由陳攖寧先生改爲「釋辭」，相當於汪伯英鈔本每章的名詞註釋及後來陳攖寧先生另著之「辭解」、「直解」三部分組成。其中「釋辭」與「直解」都註明於相應內容之首。後來則直接註解，不再註明「釋辭」與「直解」。由於部分章節差異較大，故此次整理，不予採用，亦不作爲校本。俟機緣成熟，單獨整理。

六　參同契講義一書之整理，始於二十世紀九十年代初，由胡海牙老師委託他人代爲整理。惜當年海牙老師所託非人，故在一九九七年前後，老師將這項任務交由我來完成。由於我當年的識見不足，整理水平也頗有限，此書的整理還存在不少疏漏。後來雖認真校改數次，均未滿意，故於二〇〇五年重新依原本再做一次整理。今年夏初，又進行第三次修正，力圖能展示此書原貌。

七　本次整理，除了修正前幾次整理遺留之錯漏外，對版式也進行了調整。爲了使全書格式統一，第二十三章至第二十九章各節註解内容前的「直解」二字均不予收録。

八　附錄仙學必成一書，係陳攖寧先生於一九四五年作於南京亞園孟懷山先生家中。本書初次整理於一九九七年前後。由於當時老師告訴我，此書是陳攖寧先生爲其所鈔，故我當日整理時，在文末仿陳攖寧自傳，註明「陳攖寧寫於杭州市銀洞橋廿九號慈海醫室」。後經人提醒，這種記錄不當。本來有及時改正之機會，但由於某種原因，一直未能改正。本次整理，除了修正以前的疏漏外，也把原稿中陳攖寧先生之圈點補入，以方便讀者閱讀。

九　書末所附談陳攖寧先生的參同契講義與仙學必成，僅是我個人對此書的一些了解，希望能對閱讀此書者有所幫助。

十　本書之整理，龍靈老弟、張莉瓊女士均做了大量的工作，在此致以謝意，並感謝心一堂出版社及陳劍聰先生對此書出版提供的方便與幫助。

二〇一七年六月三十日農曆丁酉年六月七日蒲團子記於玄玄居

目錄

存真書齋仙道經典文庫緣起……蒲團子（一）
胡海牙序……（三）
蒲團子序……（五）
編輯大意……蒲團子（一）

參同契講義

周易參同章第一……（三）
乾坤二用章第二……（一一）
中宮土德章第三……（一四）
日月神化章第四……（一七）

朔受震符章第五……（一九）
天心建始章第六……（二三）
日月始終章第七……（二七）
藥生象月章第八……（二八）
陰符轉統章第九……（三〇）
象彼仲冬章第十……（三三）
推度符徵章第十一……（三五）
御政之首章第十二……（三九）
内以養己章第十三……（四四）
知白守黑章第十四……（四六）
道術是非章第十五……（五四）
二八弦氣章第十六……（五六）
金火含受章第十七……（五八）
二土全功章第十八……（六〇）
金丹妙用章第十九……（六三）

同類相從章第二十……（六五）
背道迷真章第二十一……（六八）
三聖前識章第二十二……（七〇）
金火銖兩章第二十三……（七二）
水火情性章第二十四……（七七）
古今道一章第二十五……（七九）
乾坤精氣章第二十六……（八一）
入室休咎章第二十七……（八五）
晦朔合符章第二十八……（九三）
卦律火符章第二十九……（一〇一）
性命根宗章第三十……（一一三）
二氣感化章第三十一……（一一九）
關鍵三寶章第三十二……（一二〇）
旁門無功章第三十三……（一二五）
珠華倡和章第三十四……（一二六）

五行逆尅章第三十五……（一二九）
龍虎主客章第三十六……（一三一）
不得其理章第三十七……（一三三）
父母滋稟章第三十八……（一三四）
藥物至靈章第三十九……（一三五）
天元配合章第四十……（一三六）
日月含吐章第四十一……（一三八）
四象歸土章第四十二……（一四〇）
陰陽反覆章第四十三……（一四二）
牝牡相須章第四十四……（一四五）
繼往開來章四十五……（一四六）
丹法全旨章第四十六……（一四七）
鼎器歌第四十七……（一六一）
序第四十八……（一六八）

附：仙學必成

誡條……（一七七）
篇前語……（一八一）
仙學必成……（一八三）
附錄：去病延齡方便法……（二一四）
後序……（二一八）
談陳攖寧先生的參同契講義與仙學必成……（二三〇）

陳攖寧 著 蒲團子 校訂

參同契講義

周易參同章第一

乾坤者，易之門户，衆卦之父母。坎離匡廓，運轂正軸。

乾坤兩卦名，乾爲天，坤爲地，乾屬陽，坤屬陰兩卦，乃是易道的門户易，一日一月也。「𠥕」。故：「日月交光謂之易。」又云：「闔户爲坤，闢户爲乾。」能闔能闢，所以稱門户，衆卦包括六十四卦，除去乾坤兩卦爲父母不算父母乾生三男震、坎、艮，坤生三女巽、離、兑，於是陰陽相交，生子生孫，變成六十二卦，皆以乾坤爲本，故曰「衆卦之父母」。

坎離亦是兩卦名詞，坎是水是月，離是火是日兩卦，陽包陰，陰包陽，如匡廓然水和月均是外陰而内陽，火和日均是外陽而内陰，如匡廓，故契云「坎離匡廓」。又如運動車轂者，必先置正轂中的車軸若要運動轂，必須端正車軸。此處轂譬猶身，軸譬猶心，謂要運用人身之水火、陰陽、日月，必須安正人心，不得稍存邪念。

附 仇註謂：「『轂』、『軸』二字與『門户』、『槖籥』例看，亦取牝牡之意。蓋車上軸頭正固，方能運轂，猶人身劍峯剛健，方能御鼎。軸指下峯崑崙，不指中心主宰，下文『處中制外』方言及正心。」

辭解

門户　易繫辭上傳曰：「是故闔户謂之坤，闢户謂之乾。」又繫辭下傳曰：「乾坤其易之門邪。」單扇者爲户，雙扇者爲門，「門」字即兩個「户」字相合而成。户，爲奇、爲陽，屬乾家；　門，爲耦、爲陰，屬坤家。

匡廓　「匡」與「筐」同，「廓」與「郭」同。坎外陰而内藏陽，離外陽而内藏陰，如筐中藏物、郭中藏城之義。「門框」之「框」字，古時亦作「匡」。門之有框，亦如城之有郭。

轂軸　車輪中心小圓孔，曰轂；　横木作桿，兩端穿入轂中者，曰軸。

牝牡四卦，以爲槖籥，覆冒陰陽之道。猶御者之執銜轡，有準繩一作「猶工御者，準繩墨，執銜轡」**，正規矩，隨軌轍，處中以制外。**

乾坤鼎器坎離藥物，一牝一牡，一陰一陽，四個卦象，作彼此相通、往來不窮的槖籥，譬喻陰陽之門户。上陽子曰：「槖象坤門，籥象乾户。」，用以包括**頂批**　覆冒即包括也一切。凡合於陰陽之道者，猶之乎御馬者執着銜轡，有一定的準繩，正一定的規矩，隨着所行的軌轍，處其中以制其外。這是譬喻修道的人，只要一心不亂，念念規中（規中不單指清淨言，南派丹法在陰陽接觸、小往大來時，亦須知雄守雌、存無守有，恍惚杳冥，念念規中，使真人潛深淵，自優游而舒適），結果自有神妙不測之變化，不必去注意工夫的效驗，而效驗自來。亦猶御馬，不必去細看馬的走法，只要執銜（馬口鐵）轡（馬韁）、準繩，正着規矩，隨着軌轍，則馬之行也，自會達到目的地。莊子云「樞得其環中，以應無窮」，亦是此意。

辭解

橐籥　老子曰：「天地之間，其猶橐籥乎。虛而不屈，動而愈出。」分而言之，橐即鼓風之囊，籥即通風之管，後人所用之風箱，即發源於此。橐比喻坤門，籥比喻乾户。

覆冒　蓋於上面曰覆冒。中庸曰：「譬如天地之無不持載，無不覆幬。」「覆冒」之義，與「覆幬」同。

陰陽之道　易繫辭上傳曰：「一陰一陽之謂道。」程子曰：「離了陰陽便無道。」陰陽，氣也；所以陰陽者，道也。氣是形而下者，道是形而上者。

銜轡、準繩、規矩、軌轍　馬口中鐵曰銜；　馬韁曰轡；　驗平之器曰準；　驗直之器曰繩；　爲圓之器曰規；　爲方之器曰矩；　兩輪中間之距離曰軌；　車輪行地之跡曰轍。

數在律曆紀，月節有五六，經緯奉日使。

修丹之道，是與天運循環、陰陽往復之例是相同的，所以他的氣數在律正合十二管頂批　十二律即黃鐘、大呂、太簇、夾鐘、姑洗、仲呂、蕤賓、林鐘、夷則、南呂、無射、應鐘，在曆正合十二月。而每月的節令，以五日爲一候，正是六候。六候之中，前三候爲金，後三候爲水，用以調合營衛，補氣補血，爲之經。而一日之中，朝進陽火，暮退陰符，自屯、蒙、需、訟，以至既、未，爲之緯。如此逢月逢日，有經有緯，好像每日奉着值符使者的命令。

辭解

律曆紀　律有十二，黃帝時伶倫所造。截竹爲筒，陰陽各六。筒有長短，則聲音有清濁高下之分。陽律者六，黃鐘、太簇、姑洗、蕤賓、夷則、無射；　陰律亦六，即大呂、夾鐘、仲呂、林鐘、南呂、應鐘。漢書有律曆志，紀一朝之樂律及曆法之沿革。宋史律曆志云：「帝王之治天下，以律曆爲先；儒者之通天人，至律曆而止。曆以數始，數自曆生，故律曆既正，寒暑以節，歲功以成。」

月節五六　五日爲一候，一月有六候，一年共七十二候。

經緯　南北縱線爲經，東西横線爲緯；一月六候譬如經，一日兩卦譬如緯；每月月出庚爲經，每日朝屯暮蒙爲緯。

兼并爲六十，剛柔有表裏。朔旦屯直事，至暮蒙當受。晝夜各一卦，用之依次序。既未至昧爽，終則復更始。

一月三十日，一日一夜共兩卦，兼并共計六十卦。剛是陽，柔是陰；剛是金，柔是水；剛是鉛，柔是汞；剛是氣，柔是神；剛是命，柔是性；剛爲表衛，柔爲裏衛。所以：「剛柔有表裏。」而自初一之旦辰始則進陽火，爲屯卦直事；到暮晚時退陰符，則蒙卦當受。至明日初二日之旦辰進陽火，則需卦直事；暮晚退陰符，則訟卦當受。如此依次挨排，計日用卦，朝師暮比，晝夜各用一卦，直到月晦日，則正值朝既濟、暮未濟。以至次月之朔，再復朝屯暮蒙。所以說：「終則復更始。」然這不過易經上的卦名如此，其實没有什麼深意。所以張紫陽真人云：「此中得意休求象，若究羣爻漫役情。」又說：「卦中設象本儀形，得象忘言意自明；後世迷途惟泥象，却行卦氣望飛昇。」

屯蒙對待圖

蒙　䷃　屯

附註　行火候，除去鼎器藥物四卦，故只算六十卦。屯直事，震下坎上䷂，爲屯卦。震爲長男，而能復坎中之陽，以「行溫養之功」，施生育之德，故謂「屯直事」。蒙當受，艮上坎下䷃，爲蒙卦。艮爲少男，而能聚坎中之陽，以行溫養之功，故謂「蒙當受」。昧爽，即次月之初也。

辭解

屯蒙既未　易經六十四卦，丹道以乾坤二卦爲鼎器，所謂「鼎器」者，即人之身體；以坎離二卦爲藥物，所謂「藥物」者，即人身中之神氣。除去乾坤坎離四卦，尚有六十卦作爲火候之象。每一日用兩卦，一月三十日即用完六十卦。屯卦、蒙卦算是初一，既濟、未濟算是三十，中間尚有五十六卦，則畧而不言。所以要用屯蒙等卦作爲每日火候者，並非取法於卦中之奧義，不過取其兩卦反對之象而已。

昧爽　一作「晦爽」。「昧爽」之意與「昧旦」同，言天將明未明之時。

日辰「辰」，一作「月」**爲期度，動静有早晚。春夏據内體，從子到辰巳。秋冬當外用，自午訖戌亥。**

此是申言修煉的火候。一日、一辰、一月、一年，其陰陽、進退、消息、升降的道理，完全是相同的。一日、一辰有四時，可以用子、午、卯、酉等地支相計算，而一月、一年亦有四時，可以用子、午、卯、酉等地支相計算，所以可用日、辰作爲期度規則及法度也，而年、月可以類推。動屬陽，是早；静屬陰，是晚。春夏則由内陰而求外陽，進陽火也，是以從子到辰巳，謂之「據内體」；秋冬則由外陽而附内陰，退陰符也，是以自午訖亥戌，謂之「當外用」。一年如此，一月如此，一日、一辰亦無不如此。

附註　「春夏内體，秋冬外用」，朱夫子云：「春夏爲朝，秋冬爲暮，内體謂前卦，外用謂後卦。」彭真一子云：「陽火自子進符，至巳純陽用事，乃内陰求外陽也；陰符自午退火，至亥純陰用事，乃外陽附内陰也。」由内至外謂之内體，由外至內謂之外用。

賞罰應春秋，昏明順寒暑。爻辭有仁義，隨時發喜怒。如是應四時，五行得其理一作「序」。

賞應春，罰應秋，昏順寒，明順暑。細玩爻辭，有仁有義。按，爻有奇偶，奇爻爲⚊，屬陽，陽爲仁；偶爻爲⚋，屬陰，陰爲義。仁爲賞，義爲罰。工夫亦準此。隨其時候發喜發怒，這都是合乎一陰一陽的性質。

陸註云：「此乃總結，明丹道與天道、易道，無不相準。蓋賞罰喜怒者，火候文武慘舒之用也。天道，春一噓而萬物以生，秋一吸而萬物以肅。易書卦爻，喜而扶陽，怒而抑陰，莫非消息自然之理。丹法進火退符，一準是道。故昏則宜寒，爲罰，爲怒；明則宜暑，爲賞，爲喜。一日之中而四時之氣俱備，皆要順其自然，非有所矯柔造作於其間者。如是，則身內之五行各得其序，而丹道可冀其成矣。」

乾坤二用章第二

天地設位，而易行乎其中矣。天地者，乾坤之象也；設位者，列陰陽配合之位也。易謂坎離。坎離者，乾坤二用。二用無爻位，周流行六虛，往來既不定，上下亦無常。

上天下地，既定其陰陽之位，而日月即往復迴環，運行乎其中。天地，即是乾鼎坤爐的大象。乾鼎爲陽，坤爐爲陰，故乾坤亦列有陰陽配合之位。日月爲易，易謂坎離者，蓋坎離爲人身之日月，而日月爲天地之坎離。又日月爲天地之易，坎離爲人身之易；日月爲天地之二用，坎離爲人身之二用（即指乾鼎坤爐）。日月二用，在天地間，固無定位，而周流行乎六虛之間；坎離二用，在乾鼎坤爐之中，恍惚杳冥，亦無一定爻位，而周流乎人身之六虛，以補氣補血。然坎離二氣之運用，但竟融快乎身心，而其往來則不定，是以上下亦無常。此蓋形容離家之汞與坎家之鉛一交之後，先天之炁，即源源而入我身中，自有周流六虛、往來不定、上下無常之景象。

辭解

天地設位二句　陸註謂此乃魏公引易大傳之辭，今按此二句見周易繫辭上傳中，繫辭乃孔子所作，亦稱爲易大傳。

乾坤二用　乾卦陽爻皆用九，坤卦陰爻皆用六，乾坤一交，變爲坎離，坎之中爻即是乾之九二，離之中爻即是坤之六二。故曰：「坎離者，乾坤二用。」

幽潛淪匿，變化於中。包裹萬物，爲道紀綱。以無制有，器用者空。故推消息，坎離没亡。

先天一炁，幽玄而深潛；杳冥恍惚，没藏而不得見。然及其時至機動，一陽爻生，則自然變化於中，生天生地，生人生物生仙，皆賴此一炁。故云「包裹萬物」，而「爲道紀綱」。

然此先天一炁，若有心求之，則必不能得。必須以無心求之，藉象罔而得玄珠，非離朱、喫詬之所能求也。故云：「以無制有，器用者空。」蓋謂器若實者，則不能得其用。惟中空者，乃能受物而得用。此無論清浄、陰陽，皆如此。

清浄功夫，若不能虛極靜篤，則一陽不生；　陰陽功夫，若離器不空，則坎宫之氣，安能默運過來？　然空之與氣，本不相離。關尹子云：「衣摇空得風，氣嘘物得水。」摇空得風，則鼓物可以生氣；　嘘物得水，則積炁可以化精。　是氣水、炁精，本是一物之變化，蓋可分可合者也。

消息者，諸家皆云「進火爲息，退符爲消」。　一消一息，其陰陽升降進退之時，自有一種融和温薰之景象，不識不知，順帝之則，尚安知有坎離二爻存乎其間哉？

又一說：「息則朔旦至望，震兑乾爲陽火；　消則望後至晦，巽艮坤爲陰符。　一日兩卦，始自屯蒙，終則既未，皆六十卦爻之妙用，並無坎離可見，是『坎離没亡』也。」亦通。

辭解

消息　消是減退，息是增進。　故消亦可解爲退陰符，息亦可解爲進陽火。

中宮土德章第三

言不苟造，論不虛生。引驗見效，校度神明。推類結字，原理爲徵。坎戊月精，離己日光。日月爲易，剛柔相當。土旺四季，羅絡始終。青赤白黑，各居一方。皆禀中宮，戊己之功。

魏公，真人也，真實而無妄，所以言語不肯苟造，議論不肯虛生，況且引驗而能見效，測量合乎神明。又推類古聖作字之意頂批 古人作字之意，如並日月而爲明，疊日月而成易，合日月而成丹者，皆是，即原其理以爲徵。

彼坎家之戊土，實含月之精；我離家之己土，實藏日之光。彼之坎月，我之離日，互爲交易，方得鉛汞之剛柔相當、陰陽之情性和合。然所以能如此者，必須用土。觀乎五行之土，分旺四季，而羅絡乎終始。萬物生成，皆不能外之。則知作丹之道，亦同此理。

丹家之土謂何？即真意也。彼之金水，我之木火，若無真意去融會貫通，而混一之，則木魂之青、火神之赤、金魄之白、水精之黑，各居一方，分離散失，永無成丹之望。若欲成丹，必須坎離兩家，都用中宮的真意，寂然不動，感而遂通，自然兩而化者，變一而神，豈非坎戊離己二土妙用之功哉？悟真篇云：「坎離若也無戊己，雖含四象不成丹；只緣彼此懷真土，遂使金丹有返還。」

辭解

引驗見效 謂引證事實所經驗者，以見其功效。

坎戊、離己 漢儒解易，喜用納甲之說，以十天干分納於八卦之中。乾納甲壬，坤納乙癸，坎納戊，離納己，震納庚，巽納辛，艮納丙，兑納丁。初三，月出西方庚位，其象如震仰盂，故震納庚；初八，上弦，月出南方丁位，其象如兑上缺，故兑納丁；十五，月出東方甲位，其象如乾卦陽氣之圓滿，故乾納甲：以上指昏見之月而言。十六以後，圓滿之月光漸漸虧缺，天曉時見於西方辛位，其象如巽下斷，故巽納辛；廿三，下弦，月見於南方丙位，其象如艮覆碗，故艮納丙；三十日天曉時，月雖在東方乙位而不可見，其象如坤卦純陰無陽，故坤納乙：以上皆指曉月而言。

土旺四季 木旺春季，火旺夏季，金旺秋季，水旺冬季，土旺於春夏秋冬四季之末，各十八天，一年共計七十二天。木火金水亦各旺七十二天。五乘七十二，合得三百六十天。

日月神化章第四

易者象也。懸象著明，莫大乎日月。窮神以知化，陽往則陰來。輻輳而輪轉，出入更卷舒。

易，即日月。日月者，象也。懸象於太空，最爲顯著而明白者，莫大乎日月。

窮者，推也。推日月交易生養萬物之神以知化理，亦即可推離己日光與坎戊月精彼此相射交易而生人生仙之神以知化理。蓋均不外陽往則陰來、此往則彼來、小往則大來，如輻之輳轂，輪轉不停之理耳。

出入更卷舒者，知幾子說「煉己純熟，温養火符，出入有度，操縱由己」是也。然此但就陰陽派而言，範圍似乎狹小。存存子云「日月行於黃道之上，一出一入，迭爲盈虧，互爲卷舒」，則其理包羅萬象矣。

辭解

易者象也五句　易經繫辭下傳曰：「是故易者象也。象也者，像也。」又繫辭上傳曰：「是故法象莫大乎天地，變通莫大乎四時，懸象著明莫大乎日月。」又繫辭下傳曰：「窮神以知化，德之盛也。」橫渠張子曰：「氣有陰陽，推行有漸爲化，合一不測爲神。」又繫辭下傳曰：「日往則月來，月往則日來，日月相推，而明生焉；寒往則暑來，暑往則寒來，寒暑相推，而歲成焉。」

輻輳 即道德經所謂「三十輻共一轂」之意。「輳」同「湊」，聚也。

朔受震符章第五

易有三百八十四爻。據爻摘符，符謂六十四卦。銖有三百八十四，亦應卦爻之數。晦至朔旦，震來受符。當斯之時，天地媾其精，日月相撢持；雄陽播玄施，雌陰統黃化；渾沌相交接，權輿樹根基；經營養鄞鄂，凝神以成軀。眾夫蹈以出，蠉動莫不由。

易有三百八十四爻謂易共六十四卦，每卦六爻，共合三百八十四爻，正合藥重一斤三百八十四銖知幾子云：「大藥重一斤，計三百八十四銖。易有三百八十四爻，其數適相當也。」。除去牝牡四卦四六二十四爻，則三百六十爻。據其爻象而摘採其符，則以一爻當一時。一日十二時，一月則三百六十時，則三百六十爻盡矣。

符，指六十四卦爻中之符。抱一子云：「符即爻畫也，非別有符也。據易言之謂之卦，據丹言之謂之符，故曰『符謂六十四卦』也。」惟存存子則云「一卦有六爻，一爻有三符」，則與抱說不同。按：「一爻三符」之說，本上陽子。上陽子云：「一爻有三符，一日兩卦，兩卦共有三十六符。」由三十日晦至初一日朔旦，乃陰極生陽之時，故震卦來受符。

震卦☳，一陽生於二陰之下。故當此之時，正天地媾精、日月揮持之候。雄陽之虎，播其玄施；雌陰之龍，統其黃化。混沌交接，權輿樹根。經營以養其命蒂，凝神以成其聖軀。此論仙家作丹之道也。然而生人生物之道，亦由乎此，不過順逆、動靜之異耳。所以凡衆之夫亦蹈此以出，而蠉動之物亦莫不由之。

辭解

三百八十四爻　一卦六爻，易有六十四卦，共計三百八十四爻。古制，一兩有廿四銖，十六兩爲一斤，共三百八十四銖。所以後世丹經，常以爻銖並稱，因卦爻之數亦是三百八十四故耳。

據爻摘符　一日用兩卦，兩卦共有十二爻，等於一日十二時。後人又謂「一爻有三符」。一符有二候，二候有三百七十五息，即算是一符，其時間之長短，等於一個時辰三分之一。蓋一個時辰有一千一百二十五息，晝夜十二時，共得一萬三千五百息也。古代無鐘錶，凡較定時刻，皆用銅壺滴漏，所以丹經云「周天息數微微數，玉漏寒聲滴滴符」。據爻者，依據時候而交合；摘符者，乘其動機而採取也。

震來受符　「符」字頗難解，今將本書中所有「符」字彙集一處，比較而觀之。第五章「據爻摘符」、「震來受符」；第六章「上觀顯天符」、「天符有進退」；第十一章「元精眇難覩，推度效符徵」；第十七章「金本從日生，朔旦受日符」；第廿二章「寫情著竹帛，又恐泄天符」；第廿八章「晦朔之間，合符行中」、「九三夕惕，虧折神符」；第四十章「得其節符」；第四十一章「各得其和，俱吐證符」。照以上各句所用之「符」字，並無定義，看其用在何處，即作何解說。「據爻摘符」之「符」字，可以作「時候」解，蓋謂依據卦爻以定時候也；「顯天符」之「符」字，可以作「天象」及「天運」解，蓋謂天象之運動也；「效符徵」之「符」字，可以作「效驗」與「信徵」解，蓋謂元精雖不可見，而其效驗與信徵則可推度也；「震來受符」及「朔旦受日符」之「符」字，可以作「陽氣」解，蓋謂受日之陽氣也；「泄天符」可以作「泄天機」解；「合符行中」，謂合兩方之符而行乎中道也古人用圓竹一段剖爲兩半，各執其半邊，臨有事時則取而合之，以爲憑信，此物名曰「符」；「虧折神符」，謂十五月圓之後，盛極必衰，須防虧損神光也；「得其節符」，謂得其節制，自然合拍之意；「俱吐證符」，謂彼此俱吐露其證據與符信也。

天地媾精　易繫辭下傳曰：「天地絪縕，萬物化醇。男女媾精，萬物化生。」今按： 「男女」二字，可作「雄雌」解，不必限定於人類之男女。若專指人類之男女，則下文當曰「人乃化生」，不能曰「萬物化生」。

日月摶持 「摶」與「探」同。探者，自遠處而取之也。日月二體在天空中相距甚遠，而月能感受日之陽光而生明，又能遮蔽日體而爲日蝕，並且日光復能將月球之形體隱藏而不使人見，此即所謂「日月相摶持」也。

權輿 萬物始生之義。

玄施、黃化 易坤卦文言傳曰： 「夫玄黃者，天地之雜也。天玄而地黃。」

鄞鄂 別本亦作「垠鄂」，謂邊際也。爾雅釋名曰： 「額，鄂也，有垠鄂也。」可參看第十三章「性主處內，立置鄞鄂」二句。大概所謂「鄞鄂」者，即神室也，觀「凝神以成軀」一句可知。第十四章云： 「煉爲表衛，白裏真居。」所謂「煉爲表衛」者，即「經營養鄞鄂」之意； 所謂「白裏真居」者，即「凝神以成軀」之意。

蝡動 「蝡」字，音「軟」，乃蟲類蠢動之貌。

天心建始章第六

於是仲尼讚乾坤，鴻濛德洞虛。稽古當元皇，關雎建始初。冠婚炁相紐，元年乃芽滋。

因此之故，孔夫子所以稱讚乾坤，以形容鴻濛之德洞然而虛空。稽古則思元皇之至治，關雎遂詠夫婦之始初。冠婚後，其炁自相紐結；元年屆，則事物均得芽滋。

謹按：「讚乾坤」、「德洞虛」者，易也，無極也；「稽古元皇」者，書也，無極生太極也；「關雎」者，詩也，太極生陰陽也；「冠婚」者，禮也，陰陽相交也；「芽滋」者，春秋也，陰陽交而生萬物也。

辭解

起首六句　五經原非煉丹之用，魏公蓋借此以發明丹道，猶之借納甲之象以顯示火候，同爲比喻而已。易經以「乾」「坤」二卦爲首，書經以「粵若稽古帝堯」一句爲首，詩經以關雎一章爲首，禮經以士冠禮、士婚禮二篇爲首，春秋以「元年春王正月」爲首。參同契則將此五項連串成文，借喻陰陽造化之神妙也。

故易統天心，復卦建始初。長子繼父體，因母立兆基。

易即日月，日月一交，天心即現，故易統天心。

復☷☳，即月與日交，陰與陽交，晦復之朔，坤中之震，以六爻之剝極，則謂之復。此中有先天一炁，謂之天心，生人、生物、生仙，莫不由之。故云：「復卦建始初。」

長子繼父體，即震卦代乾；因母立兆基，謂由坤得體。存存子云：「以丹法言，震爲龍，龍即長子，即悟真所言『家臣』。繼者，代也，長子代父之體，乘其活子時至，投入母懷按：母懷即指坤鼎而言，氣精交感，先天真鉛之兆基，於此而立，即丹經所謂『太陽移在月明中』也。」

辭解

復卦　易經復卦云：「復，亨。出入無疾，朋來無咎，反復其道，七日來復，利有攸往。」彖曰：「復，亨，剛反。動而以順行，是以出入無疾，朋來無咎。反復其道，七日來復，天行也。利有攸往，剛長也。復其見天地之心乎。」程子曰：「自古儒者皆言靜見天地之心，惟某言動而見天地之心。」又曰：「一言以蔽之，天地以生物爲心。」

聖人不虛生，上觀顯天符。天符有進退，詘信以應時。消息應鐘律，升降據斗樞。

聖人不是虛生者，故上觀顯然之天符按：即天機也。經云：「觀天之道，執天之行，盡矣。」今夫天地之陰陽升降，日月之晦朔盈虧，歲序之寒暑往來，日辰之昏明早晚，莫非天符之顯然者。陶云：「月行於天，一夜一度與日交合，謂之天符。」，則天符有進有退自朔至望，進也；自望至晦，退也，自當順其詘信即屈伸也，以應其時。而作丹之道，其火候消息，當應陰陽鐘律之數；其火候升降，當據北斗之樞機。

按：鐘六陽六陰六陽律爲黃鐘、太簇、姑洗、蕤賓、夷則、無射也；六陰律爲林鐘、南呂、應鐘、大呂、夾鐘、中呂也，一進一退，故象火候之消息。

而斗樞者，即北辰，亦即天心也。孔子云：「爲政以德，譬如北辰。居其所，而眾星拱之。」蓋謂其能端拱無爲，無爲而無不爲也。今作丹之斗樞，蓋謂人身之斗柄，亦當端居不動，守雌不雄，專其炁而致柔，則火候之升降，自然合度矣。

附註　黃鐘律呂，每月換一管，一歲換盡十二管；　北斗樞機，每時移一位，一日移遍十二辰。

辭解

鐘律　十二律呂，以黃鐘爲首，故總名曰「鐘律」。

斗樞　北斗七星，以天樞星爲首，故總名曰「斗樞」。

日月始終章第七

日含五行精，月受六律紀。五六三十度，度竟復更始。原始要終，存亡之緒。

日則含五行之精日乃太陽元精，中含五采，五行之精所化，萬物得之而成五色。以丹道言之，則火是也，月則受六律之紀月乃太陰，其體白而無光，必借光於日，晦、朔、弦、望皆以去日之遠近爲標準。月晦之日，與日合璧。一年之中十二月，與日會者十二度，聖人以六律、六吕紀之。以丹道言，則藥也，五行與六律相乘，正合三十度數。度竟，則日月合璧，晦也；更始，則合璧之後，月光復蘇也。終而復始，始而復終，存而復亡，亡而復存，故原始要終，爲存亡之緒。

藥生象月章第八

三日出爲爽，震庚受西方。八日兌受丁，上弦平如繩。十五乾體就，盛滿甲東方。蟾蜍與兔魄，日月炁雙明。蟾蜍視卦節，兔者吐生光。七八道已訖，屈折低下降。

蓋月自三十日晦後，至初三日生明，新月陽光出而爲爽，見於西方庚位，象一陽起於二陰之下，故云「震庚受西方」，西方者，庚金也；　初八日象兌卦☱，由一陽進爲二陽，兌卦納丁爲南方火位，正值上弦，月光其平如繩；　至十五則三陽盛滿，乾體就矣，乾納甲，甲屬木，在五行之方位爲東方。　蓋蟾蜍月精與兔魄月體，必待望日，日月之氣雙對而始明，故陰陽必須合而離坎必須交也。　至蟾蜍之所以生，惟視乎卦節下之陽漸長，則蟾蜍之精漸生，然後兔魄者吐之以至光明。

按：　此節諸家皆謂象鼎中藥生之候也。　蓋以一月而論，則當由初三以至十五。然一候之中、一日之中、一時之中、一刻之中，皆有初三至十五之象，所謂簇月於日、簇日於時、簇時於片刻，此則在臨爐時善於體會與運用耳，不能以筆墨宣也。　先哲云

「月之圓存乎口訣，時之妙在乎心傳」，即指此一時半刻之火候也。

七者少陽之數，八者少陰之數，七八即十五之代表。月之十五爲望，陽氣盛極。盛極必衰，以比丹道之陽火既極，必換陰符，此一定之理。故云：「七八道已訖訖者，終也，至也，屈折低下降。」

頂批 仇註：「此由前章『朔旦震符』，釋經文『震出爲徵，陽氣造端』一章之意。此一節，言上半月之三候，乃昏見者。」

辭解

三日出爲爽 爽者，明也，即「哉生明」之意。

震庚受西方 受者，納也，即「震納庚」之意。庚之位在西方。

蟾蜍 古書常言，羿請不死之藥於西王母，姮娥竊之以奔月，化爲蟾蜍。

卦節 每月初一至初五爲震卦節，初六至初十爲兑卦節，十一至十五爲乾卦節，十六至二十爲巽卦節，二十一至二十五爲艮卦節，二十六至三十爲坤卦節。

陰符轉統章第九

十六轉受統，巽辛見平明。艮直於丙南，下弦二十三。坤乙三十日，東方喪其明。節盡相禪與，繼體復生龍。

十六，則陽道屈折下降，轉受陰符統制，一陰生於二陽之下，於象爲巽☴，平明見於西方之辛位；艮卦☶，則一陰進爲二陰，二陽退爲一陽，平明直於南方之丙位，正是下弦二十三之時；坤乙三十日，則三陰俱全，三陽俱退，卦爲純陰，月爲全晦，故於東方乙位喪其光明，蓋日月合璧之時。然合璧之後，卦節雖盡，而陰極陽生，相與禪代，復由晦至朔旦，震來受符矣。震爲長男，長男屬木，爲青龍，故云「繼體復生龍」。

按：此節合上節之上下弦，有兩說。據仇等所云，上下弦皆屬於彼。上弦在前三候，屬金；下弦在後三候，屬水。進陽退陰，皆屬彼家鼎中之事。而陸西星註，則據參同契本文「上弦兌八，下弦艮八，兩弦合精，乾坤體成」之意，謂上下兩弦，分屬彼我。上弦象虎，先天之鉛也；下弦象龍，後天之汞也。象虎，故採彼之鉛以進陽火；　象龍，故養我之汞以退陰符。二說孰是孰非，或皆是皆非，姑不具論，惟望研究者自己參證可耳。

辯解

十六轉受統　初一至十五，乃「雄陽播玄施」之時；　十六至三十，乃「雌陰統黃化」之時。

禪與　上月之節氣已盡，下月又接續而來，故曰「禪與」，謂上月讓與下月，下月代替上月也。

繼體復生龍　即第六章所謂「長子繼父體」，第五章所謂「震來受符」。易經說卦傳云：「震爲龍。」

壬癸配甲乙，乾坤括始終。

此節陸註頗明，姑照原註錄下。

月現之方，震下納庚，巽下納辛，兑下納丁，艮下納丙，乾下納甲，坤下納乙。卦節即周，而十干尚餘壬癸，則以壬癸而配甲乙，復分納於乾坤之下，是乾坤括納甲之終始也。夫乾納甲，而復納壬，則盛於甲者，未始不盛於壬；坤納乙，而復納癸，則喪於乙者，未始不喪於癸矣。然而不言離納己、坎納戊者，何也？土居中央，流行則無定位，故不言耳。

辭解

壬癸配甲乙二句　宋沈括云：「易有納甲之法，可以推見天地胎育之理。乾納甲壬、坤納乙癸者，上下包之也；震巽坎離艮兑納庚辛戊己丙丁者，六子生於乾坤之包中，如物之處胎中者。」

七八數十五，九六亦相當。四者合三十，易象索滅藏。

七八之數十五，九六之數亦是十五。四者爲易中之四象，正合三十而成晦，日月合璧，易象索然而滅藏矣。

附註　七八，少陽數七，少陰數八；數，易之策數；九六，太陽數九，太陰數六。又，易中通揲蓍策數，餘三奇之數則爲九，餘三耦之數則爲六，二耦一奇則爲七，二奇一耦則爲八。或又云「七八九六，金木水火之成數也，故爲四象」，亦通。

象彼仲冬章第十

象彼仲冬節，草木皆摧傷。佐陽詰商旅，人君深自藏。象時順節令，閉口不用談。天道甚浩廣，太玄無形容。虛寂不可覩，匡廓以消亡。謬誤失事緒，言還自敗傷。別敘斯四象，以曉後生盲。

象彼仲冬節，十一月中，陽氣閉藏，草木皆已摧傷，於是養其微陽，同先王至日閉關之詰商旅。人君深自藏於內，猶真人之潛深淵。象其時以順其節，閉其口而不用談。蓋天道甚爲浩廣，太玄眇無形容，虛寂者不可覩，匡廓是以消亡。此蓋在「故推消息，坎離没亡」之候。若或謬誤失其事緒，多言還自敗傷，故別序此老陰、老陽、少陰、少陽之四象，以曉後生之盲者。

附註　佐陽，養陽也；　詰商旅，先王以至日閉關，盤詰商旅，使不得行，以養微陽也。

辭解

佐陽　佐有扶助之義，即扶助人身中陽氣而使其生長也。

詰商旅　易經復卦象傳曰：「雷在地中復，先王以至日閉關，商旅不行，后不省方。」程子註云：「雷者，陰陽相薄而成聲。當陽之微，未能發也。雷在地中，陽始復之時也。陽始生於下而甚微，安靜而後能長。先王順天道，當至日陽之始生，安靜以養之，故閉關，使商旅不得行，人君不省視四方，觀復之象而順天道也。在人之身亦然，當安靜以養其陽也。」詰者，盤查之義。

推度符徵章第十一

八卦布列曜，運移不失中。元精眇難覩，推度效符徵。

八卦雖分布於列曜之方位，然其山澤通氣、水火相射、地天交泰、雷風相搏之時，彼此運移，實不能失其中心之樞機。**頂批** 八卦分布，等於天上之列星，雖運移而中心不動。天地如此，人身何獨不然？欲一身之精神魂魄、水火木金之周流旋運，安能不藉夫中樞？

中樞者，虛無之竅也，即玄關也。玄關若開，則元精可覩。惟玄關不易開，故元精妙難覩。必須推之度之。如何推度？即專心致志，純一不二，無欲觀妙，謹候其時，久之，則妙難覩者，自然忽而開關。

玄竅之内，有效驗之符候，先天一炁之苗徵應而發生矣。至其景象，則陰陽與清淨，皆屬相同，惟一則在神氣交媾之中，一則在龍虎相合之中。

居則觀其象，準擬其形容。立表以爲範，占候定吉凶。發號順時令，弗

失爻動時。

居者，靜也。靜則觀八卦列曜以做工夫論，則此八卦列曜，但指人身之中；若以廣義論，則指天象矣、玄精符徵之象，準擬彷佛其形容。蓋人身本無所謂八卦列曜，惟以人合天，人在天中，則自其天象之八卦相應，而彷佛想像其形容。

立表爲範者，因天時人事，實有相通之處，故天之子時爲正子時，人之子時爲活子時，則在人身可覺「一日內，十二時，意所到，皆可爲」。正子時則有一定之時，如一日之子時爲半夜，一月之子時爲晦朔，一年之子時爲冬至。此則須立表爲範。惟古時只有日圭刻漏，至今日則可以鐘錶代之矣。參同發揮云：「大丹火候，不用時辰，何必立表占候。所以立表占候者，恐失天人合發之機也。」天人合發之機，即以活子時當正子時也。

占候者，占氣候。吉凶者，和氣爲吉，戾氣爲凶；清氣爲吉，濁氣爲凶；純粹先天爲吉，夾雜後天爲凶。既以立表爲範，又復占定吉凶，如是則時弗可失也，故宜「發號順時令，弗失爻動時」。按：爻動時，即恍惚杳冥中，一陽爻動之時也。恍惚中有精，杳冥中有信，即靜極而動，虛中之一竟也。百字歌云：「此中真有信，信至君必驚。」

發號，即發剛柔相交、陰陽互戰之號；順時令，即順天人合發之時令。靜極而動，一戰而天下平。先哲云：「君子有不戰，戰必勝矣。」此言雖論軍事，可喻丹道。

頂批 又陸西星云：「象以擬形，則知藥材之老嫩；表以測候，則知火候之消息。吉凶者，火候中之休咎也，如隆冬大暑、盛夏霰雹之類。」

辭解

居則觀其象二句 易繫辭上傳云：「是故君子居則觀其象而玩其辭，動則觀其變而玩其占」「聖人有以見天下之賾而擬諸其形容，象其物宜，是故謂之象」。

上察河圖文一作「天河文」**，下序地形流，中稽於人心**「心」，或作「情」**，參合考三才。動則依卦爻，靜則循彖辭。乾坤用施行，天下然後治。**

上察先天河圖之卦文，下序大地形質之源流，中稽人心七情之變化。天地與人，謂之三才。故參考而合此三才，皆是動則依其卦變由坤而復，由陰變陽，聽其自然耳，而靜則順其彖辭，於是乎天則資始，地則資生「資始」「資生」，皆是彖辭，以行乾坤之二用。乾坤之二用既已施行，則致中致和，位天地，育萬物矣。故云：「天下然後治。」此論天地之象也。

今以人身論之，則陽性爲乾，陰性爲坤。陰中之陽爲坎即所謂虎之弦氣，陽中之陰爲離即所謂龍之弦氣，是乾坤之二用。此二用施行，則以致中致和，人身同天地一般而治矣。

辭解

上察河圖文二句　易繫辭上傳：「仰以觀於天文，俯以察於地理，是故知幽明之故。」

御政之首章第十二

可不愼乎？ 御政之首，鼎新革故。管括微密，開舒布寶。要道魁柄，統化綱紐。爻象内動，吉凶外起。五緯錯順，應時感動。四七乖戾，誃離仰俯。文昌統錄，詰責台輔。百官有司，各典所部。

可不謹愼乎？ 御政的起初，應當有鼎新的氣象，革去故舊陳腐的政治。 而知幾子以爲，此喻修道者革去故鼎，而易新鼎也。 上陽子則以爲，遷善改過謂之鼎新革故。 存存子則曰：「鼎新，一陽初動，藥苗正新也；革故，陽火忽萌，改革重陰也。」

管括微密，或云指地宜謹嚴，或云指鼎防破真。 或云，「『管括微密』者，『耳目口三寶，固濟勿發通，凝神以固氣』也」。

開舒布寶者，是開誠布公之義。 或云，即對鼎而言，須待以誠心，而施以恩惠。如是，則藥真意投，可以有求必獲。

要道者，陰陽交接之要道也。 是全在乎魁柄，謂下崑崙也，以統制造化綱紐。 綱紐，謂如網之有綱，衣之有紐，謂關鍵處也。

頂批 舊解「魁柄」作「辰極」，但斗柄乃外指者，辰極乃居中者，有上下表裏之辨。

惟是爻象内動即活子時在内發動，則吉凶即應之而外起。

以清浄而論，爻象内動，即自身中的先天一炁發動。當此之時，能至誠專密，精心不二，毫無妄念，則其炁自能轉折上行，所謂由夾脊河車而直上崑崙，所謂氣之輕清上浮者爲天。又云：「氣之至而伸者爲神，此則吉也。」若當爻象内動，自己心中不清，夾涉後天，或生淫念，則其氣變而爲後天濁氣，所謂氣之重濁下凝者爲地。又云：「氣之返而歸者爲鬼，此則凶也。」蓋當此子爻發動之時，一轉念間，即爲神鬼生死之關、吉凶變化之地也。

若以陰陽而論，則於坎離交接之時，則此爻象動於鼎中。其適應到吾人之身，與清浄法同一道理。

五緯錯順者，五行緯星不順而逆行也。蓋丹道用逆而不用順，感動作用也。應時，臨期也。

四七，二十八宿也；乖戾，東南西北易位也。陸云：「子南午北，龍西虎東，一時璇璣，皆爲逆轉，故曰乖戾。」

誃，改移也。誃離仰俯者，柔上而剛下。是皆丹法逆用也，謂改移其仰俯之姿勢也。蓋本則坎仰而離俯，今則離仰而坎俯，所謂「地天泰」也。

文昌，喻臨爐之人； 統錄，謂總持大綱； 台輔，謂道侶； 詰責台輔，謂凡糾察之權，歸責任於道侶； 百官有司，指供應任使之人； 各典所部，謂各司其執事也。

辭解

管括微密 管是管理； 括是約束； 微是隱微； 密是嚴密。

要道魁柄二句 要道在於魁柄，乃統化之綱紐也。 魁柄，即斗柄； 綱紐者，如網之有綱，如衣之有紐； 統化者，統御造化也。

爻象內動二句 易繫辭下傳曰： 「爻也者，效此者也； 象也者，像此者也。 爻象動乎內，吉凶見乎外。」

五緯 金、木、水、火、土五星，右旋者爲緯。

四七 二十八宿，左轉者爲經。

錯順 不順行而逆行。

乖戾 違反平素之常道。

誃離　誃，音侈，與「離」同義。

文昌　天象。文昌宮有六星，一上將，二次將，三貴相，四司命，五司錄，六司寇。統錄者，掌記錄之事。

台輔　天象。三台星有上台、中台、下台之別，共六星，在斗魁之下，兩兩相比。詰責者，掌糾察之事。除三台星而外，又有四輔星。

或君驕溢，亢滿違道。或臣邪佞，行不順軌。弦望盈縮，乖變凶咎。執法刺譏，詰過貽主。辰極處正，優游任下。明堂布政，國無害道。

君是乾，臣爲坤。故或乾卦驕盈，亢滿違道；或坤卦邪佞，不順正軌，而攪動丹心。於是弦望盈縮，不能得其一定步驟，則乖變凶咎立見矣。執法者，諫諍之官，此喻明理而能開道臨爐之主者。及至君驕臣佞，以致乖變凶咎，爲執法者，自不得不詰過於其主矣。蓋明告其不合於道。辰者，北辰也；極者，北辰中至中至小之一星，以比人静定之心也。吾人静定之心，處乎大中至正之地，而優游自適，則人身之氣機流暢，關竅開通。

任下者，不願爲上而爲下。經云：「夫江海能爲百谷王者，以其善下。」又云：「大國以下小國，則取小國；小國以下大國，則取大國。」又云：「以貴下賤，大得民也。」蓋世間惟下者乃能虛，虛者乃能受。虛心下氣，則先天自來，即知白守黑，則神明自來。此理推之修身、齊家、治國、平天下，皆可相通，不僅指煉丹一端而言也。「明堂布政，國無害道」者，即心正身修，家齊國治，而天下平矣。

辭解

執法　天象中有左執法、右執法各星。刺譏者，評論其過失。

辰極　論語曰：「爲政以德，譬如北辰，居其所，而眾星拱之。」朱子註謂：「北辰是中間無星處，些子不動，緣人要取此爲極，不可無記認，所以就其旁取一小星，謂之極星。」

明堂　天子所居之正殿。

內以養己章第十三

內以養己，安靜虛無。原本隱明，內照形軀。閉塞其兌，築固靈株。三光陸沉，溫養子珠。視之不見，近而易求。黃中漸通理，潤澤達肌膚。初正則終修，幹立末可持。一者以掩蔽，世人莫知之。

內以養自己之真性，則當安靜而虛無，其原初的本來面目，隱藏其外耀之明，回其光以內照自己之形軀，是故閉塞其兌兌者，凡有缺口之處均是，如耳、目、口、鼻等，因兌卦☱口缺之故，築固靈株陸云「靈株，即靈根」，引黃庭經「玉池清水灌靈根」。仇云「指下峯」，三光仇云「天有三光，日、月、眾星；人有三光，兩目一心」，或云即耳、目、口也陸沉以土沉水，謂之陸沉，此喻人之性光下照氣海。性光，真土所生；氣海，人身真水之源於氣海氣海，即氣穴，孤修、雙修均有之。孤修氣海在自己臍下，雙修氣海在既濟之中心，皆先天一炁發生之所，以溫養即用文火靜養也其子珠子珠，玄珠也。陸云：「神爲子炁，得陽火以煉之，則子母相抱而成玄珠。」。然此子珠，視之雖不可見，實則近在身心，只要陰陽一交，極易尋求。於是吾身黃中之道，漸通其理理，即氣也，施化潤澤而達於肌膚。蓋其初能正其身心而合乎至道，則其終必能享受修齡；其幹本能卓然樹立，則其枝末亦必能自持而不倒也。此蓋勗修道之人，宜慎其始而固其本也。然正者何？幹者何？一即是也。一，即先天一炁，隱藏而不見，蓋即坎中之一陽爻也。惟此一者，掩蔽而不能明，故世人莫能知之。

辯解

原本　看吾身念頭從何處起，或看吾身呼吸發動之根在何處，皆是「原本」之工夫。

閉塞其兑　兑有廣狹二義。依狹義解，則兑爲口；依廣義解，凡人身有缺口處，皆名爲兑，如上七竅、下二竅皆是。

黃中漸通理　易坤卦文言：「君子黃中通理，正位居體，美在其中，而暢於四支，發於事業。美之至也。」

知白守黑章第十四

上德無爲，不以察求。下德爲之，其用不休。上閉則稱有，下閉則稱無。無者以奉上，上有神德居。此兩孔穴法，金氣亦相須。「須」，或作「胥」。

上德者，不識不知，混沌未破，毫無嗜欲，純乎先天也。先天者無爲，故不以察求。下德者，知識已開，純乾已破，嗜欲多端，落於後天。既入後天，則當用返還之道，漸漸補養，故云「其用不休」。

上閉者，坎也；稱有者，坎中滿也。下閉者，離也；稱無者，離中虛也。以離中之虛無處下，恭敬以迎奉其上，因其上有神妙之德即謂坎中先天之鉛居於坎中之故。

上則爲坎，下則爲離。上則爲玄，下則爲牝，乃是兩個孔穴。夫此兩孔之穴法，若一交合，則自有金氣相須乎其中矣。兩孔穴法，即玄關一竅。金丹四百字云：「此竅非凡竅，乾坤共合成；名爲神氣穴，內有坎離精。」**蒲團子按**「金丹四百字」，原作「悟真」，據辭解改。

辭解

上德、下德　老子道德經第三十八章：「上德不德，是以有德；下德不失德，是以無德。上德無爲而無以爲，下德爲之而有以爲。」

上閉、下閉　上閉者，坎中滿也，故上閉稱有；下閉者，離中虛也，故下閉稱無。丹道取法於水火既濟，故以坎爲上，以離爲下。

兩孔穴法　道德經第一章：「故常無欲以觀其妙，常有欲以觀其竅，此兩者同出而異名。」又金丹四百字云：「此竅非凡竅，乾坤共合成。名爲神氣穴，內有坎離精。」

金氣亦相須　參同契第四十一章：「男女相須，含吐以滋；雄雌錯雜，以類相求。」又第四十四章：「雄不獨處，雌不孤居，以明牝牡，更當相須。」以上皆言順行造化生人生物之相須也。此處所謂兩孔穴法，即男女雄雌生人生物之世間法也。所謂金氣亦相須，即逆行造化，取水中金之法，亦不離乎男女，亦不能外乎兩孔穴也。第二十六章亦有雄雌相須之說。

知白守黑，神明自來。白者金精，黑者水基。水者道樞，其數名一。陰陽之始，玄含黃芽。五金之主，北方河車。故鉛外黑，內懷金華。被褐懷玉，外爲狂夫。

倘能知其坎中之白，而守其坎體之黑，則上有之神明神德，自然而來矣。蓋白者爲金精，居於坎中；黑者爲水基，即是坎體。陸云：「奉坎者，但守其黑，蓋晦盡之期，朔當自來，守之之久，自爾震來受符，而神明之德見矣。」

夫水者，爲道之樞機，其生數名一天一生水，爲陰陽之原始。水在色爲玄，玄即黑也。玄含黃芽按：黃爲土色。黃芽，土之所生。五行土能生金，則金即黃芽也，是五金金、銀、銅、鐵、錫也之主，乃北方水之方也之河車言能生陰生陽，可循環運轉，流通於一身者。陰真人云：「北方正氣爲河車」。

鉛外黑者，即云坎水之體本黑也；內懷金華，言水中有金也；被褐者，外黑也；懷玉者，內白也。內懷玉而外被褐，故云「外爲狂夫」。

辭解

知白守黑　道德經第二十八章：「知其白，守其黑，爲天下式。爲天下式，常德不忒，復歸於無極。」

北方河車　坎卦屬水，位在北方。以外丹法象而言，黑鉛屬水，屬坎卦；朱砂屬火，屬離卦。車能載物，又能轉運。先天真一之炁，隱藏於黑鉛中，譬如車之載物。及至臨爐燒煉，則此先天真一之炁，流轉運行於鉛池之上下四方，有種種之變化，如外丹書所言「紅霞縹緲籠秋月，錦浪翻騰浴太陽」諸般景象。迨到退火寒爐，則此物復凝結成一餅塊，如外丹書所言「面似絳桃酣絳日，心同金橘裹金砂」，中含真土精神足，內隱陽華氣味佳」。此即所謂「河車」是也。凡世間五金之類，與此河車煉養多日，皆能改變其本性，故此物名爲五金之主。若以後升前降解釋此處所謂河車，恐非魏公之本意也。嬰兒胞胎所以名爲河車者，即取象於外丹之原理，蓋謂其中包裹先天真一之炁，而變化成人形也。所以名爲紫河車者，因胞衣多血，其色紫也。

金爲水母，母隱子胎。水者金子，子藏母胞。真人至妙，若有若無。彷彿太淵，乍沉乍浮。進退分布，各守境隅。

五行之中，金本爲水之母，而今則母反隱乎子胎之中，金在水內，是水生金矣。蓋先天之五行本顛倒，丹道宜逆用也。後天則不然，五行順行，金生水矣，故水爲金子，子藏母胞。修道之人，宜用先天，故採水金。按：金生水，水生金，本循環互用者。譬之月晦者，水也，朔旦則水生金矣；望者，金也，既望，則金生水矣。水金金水，循環不息。

真人者，即先天一炁，水中金也；至妙者，不可測也。真人至妙而不可測，故既恍惚若有，而又杳冥若無，彷彿如太淵太淵，大海也之乍沉乍浮耳。此演臨爐交接之景象也。及其交接既已，則進退分布，各守境隅，不相涉矣。

辭解

真人至妙四句　參同契第三十二章：「真人潛深淵，浮游守規中。」

進退分布二句　參同契第二十七章：「剛柔斷矣，不相涉入。」

採之類白，造之則朱。煉爲表衛，白裏真居。方圓徑寸，混而相扶。先天地生，巍巍尊高。旁有垣闕，狀似蓬壺。環匝關閉，四通踟躕。守禦固密，閼絕奸邪。曲閣相連，以戒不虞。可以無思，難以愁勞。神氣滿室，莫之能留。守之者昌，失之者亡。動靜休息，常與人俱。

採取鼎中的先天一炁，即是水中金也。金在五行之中，其色主白，故云「類白」。及採得之後，入我身而爲丹，丹之色則赫赤而朱矣。何故色朱？蓋以火火色赤温養，煉爲表衛之故。然外雖爲朱，裏則仍白。

真居者，如真人之居於中也。中在何方？即方圓徑近也一寸之地，今之所謂「方寸」也。方寸之間，混混沌沌，似相扶持，而其其實中藏之物，乃先天地生，巍巍尊高，無與比倫者也。道德經云：「有物混成，先天地生，獨立而不改，周行而不殆，可以爲天下母。」此即「先天地生，巍巍尊高」之意。旁則似有垣牆垣也闕宮闕也，其狀好似蓬壺外丹地元術有蓬壺等物，此處亦可形容坤鼎四周景象，迴環周匝，關閉四通，均須踟躕不進不出也。守禦更當固密，尤宜閼遏也絕奸邪不明道之門外漢也。

「曲閣相通，以戒不虞」，或指一時恐有奸人入内，修丹者可以隨時見機走避，以防萬一也。蓋謂雖以環匝關閉，四通踟躕，守禦固密，閼絕奸邪矣，猶恐萬一有不測之事發生耳。謹之至，慎之至也！

「可以無思，難以愁勞」，又指内養之事矣。然而「神氣滿室，莫之能留」者，蓋不知「守之者昌，失之者亡，動静休息，常與人俱」之道理耳。

辭解

採之類白十句　黄庭外景經第二章：「黄庭真人衣朱衣，關門牡籥闔兩扉。幽闕俠之高巍巍，丹田之中精氣微。」

蓬壺　方壺、蓬壺、瀛壺乃海上三山。

四通踟躕　踟躇，謂房室相連之狀。或謂閣旁小室亦曰踟躕。註家有以行走徘徊、不進不退爲說者，於本文之義不合。

勤而行之，夙夜不休。伏食三載，輕舉遠遊。跨火不焦，入水不濡。能存能亡，長樂無憂。道成德就，潛伏俟時。太乙乃召，移居中州。功滿上昇，膺籙受圖。

辛勤而行之，早夜不休，至誠無息也。此節指道成上昇、功行圓滿之時。本文頗顯，不必細解。

伏食三載，即後代丹經所謂「三年乳哺」也。知幾子謂：「伏食者，乃伏先天真炁，非指天元神丹。」

太乙者，指天上至尊之神，即玉皇也。

道術是非章第十五

是非歷藏法，內視有所思。此言存想。履斗步罡宿，六甲次日辰。陸云：「此法無考。」陶云：「即選時日以行子午也。」陰道厭九一此言採戰。九一，即九淺一深。陶云：「分上中下三峯採人精氣，託號泥水金丹也。」，濁亂弄元胞即服紫河車也。食氣鳴腸胃，吐正吸外邪。此言吐納。晝夜不臥寐，晦朔未嘗休。身體日疲倦，恍惚狀若癡。百脈鼎沸馳，不得清澄居。此即今之煉魔法。累土立壇宇，朝暮敬祭祀。鬼物見形象，夢寐感慨之。心歡而意悅，自謂必延期。遽以夭命死，腐露其形骸。此即漢武禱祀之法。舉措輒有違，悖逆失樞機。諸術甚眾多，千條有萬餘。前却違黃老，曲折戾九都。明者省厥旨，曠然知所由。

按：此闢一切旁門外道，不合魏公之法者也。

前却曲折，皆做功夫之姿勢，違背黃帝、老子之道。戾，亦違背之意；九都，諸家皆謂九幽酆都，戾九都謂獲戾於九幽酆都，其實非是，乃指古有九都仙經。謂曲折的姿勢，不合古時九都仙經也。**頂批** 道藏「清」字號張真人金石靈砂論中黑鉛篇引九都丹經云：「修煉九光神丹，將鉛抽作，千變萬化，不失常性，惟鉛與汞。」據此可知，「九都」乃書名。**又批** 「戾九都」三字，以前從未有人解出，乃吾師獨到之見，可謂別具隻眼者。**蒲團子按** 「又批」文字，當係汪伯英先生鈔按，「吾師」即指陳攖寧先生。

辭解

陰道厭九一 玉房秘訣云：「凡施寫之後，當取女氣以自補復。建九者，內息九也；厭一者，以左手殺陰下，還精復液也。」施寫，即施洩；內息，即納息；厭一，即壓一；殺陰下，即用手指緊按陰蹻穴，此穴在肛門之前，陰囊之後。

前却違黃老二句 玉房秘訣云：「今陳八事，其法備悉。伸縮俯仰，前却屈折。帝審行之，慎莫違失。」

九都 金石靈砂論中黑鉛篇引九都丹經云：「修煉九光神丹，將鉛抽作，千變萬化，不失常性，惟鉛與汞。」據此可知，「九都」二字乃書名，註家以九幽酆都、九宮洞房、洛書九數諸說解之，皆不合本旨。

二八弦氣章第十六

偃月作鼎爐，白虎爲熬樞。汞日爲流珠，青龍與之俱。舉東以合西，魂魄自相拘。上弦兌數八，下弦艮亦八。兩弦合其精，乾坤體乃成。二八應一斤，易道正不傾。

以偃月仰而倒曰偃，半弦之月，其形半偃，名曰偃月，此處以象坎卦也，前文有「坎戊月精」作爲鼎爐鼎爐，一物也。或云二物，鼎指乾，爐指坤，鼎爐者謂鼎下之爐也，鼎爐之中有白虎即爐中應時產生之先天炁也以爲熬樞以火燒物曰熬；樞，動機也，此即指爐中煖氣發動之機。離之汞日，名曰流珠按：丹經水銀名汞，以象我家之真精。水銀、真精皆流動，如珠走盤而不定，故曰流珠。流珠之中，常有青龍五行汞爲木，木屬青龍，即我家之真火。其實，青龍、流珠，一物也與之相俱，故舉我東家青龍、汞木，皆在東方，道書云「東方甲乙木」，故我家爲東家，以合彼西隣白虎、鉛金，皆在西方，道書云「西方庚辛金」，故彼爲西隣，則乾之天魂，與坤之地魄，自相拘戀悟真云「但將地魄擒朱汞，自有天魂制水金」，即「魂魄相拘」意。

夫以太陰月象論，自朔旦至初八，是乃上弦兌數之八日；自既望至廿三，是乃下弦艮數之八日。上下兩弦，共合其精，乾坤之體乾坤體，即聖胎，於是乃成。而上八下八，二八十六，正應一斤之數，則大易日月相交之道，合乎中正而不傾頹矣。

按：此上下弦，有兩種解釋。一專指坤爐之中前半月、後半月，前金、後水，進陽火、退陰符而言；一謂，上弦兌是少女，下弦艮是少男，上弦、下弦，乃指彼我而言。

辭解

偃月 仰而倒者曰偃，俯而倒者曰仆。偃月之象如此☽。後人有以自己身內兩腎之間爲偃月爐者，已謬誤矣。更有以「心」字下面之灣形筆劃形如偃月，遂謂心是偃月爐，尤爲大錯，皆是强不知以爲知也。

鼎爐 鼎爐乃一物，意謂即鼎之爐，非謂既作鼎又作爐。

兩弦合其精二句 金丹四百字序云：「以身心分上下兩弦。」又曰：「心屬乾，身屬坤，故曰乾坤鼎器。」又曰：「身者心之宅，心者身之主，身中有一點真陽之氣，心中有一點真陰之精，故曰二物。」

金火含受章第十七

金入於猛火，色不奪精光。自開闢以來，日月不虧明。金不失其重，日月形如常。金本從日生，朔旦受日符。金返歸其母，月晦日相包。隱藏其匡廓，沉淪於洞虛。金復其故性，威光鼎乃熺。

金放在猛火中煅煉，其精光之色，不爲火所奪去，只有愈煉而愈精光。自從開闢到今，太陽太陰，仍是如此，不虧其本體之光明，所以金則不失其重量，日月之形依舊如常。

夫月體爲水，就是月魄； 月光爲金，就是月魂。然而月光月魂，却是得到太陽光的反射而生出，所以說金本從日生。朔旦初一受到日符即太陽光，月中的金性即月魂月光，正如重復返歸到母家母家，指月體當晦之時，好像月中的金性已離月他往，所以光重現說返歸其母來了。當月晦之日，月中的光明被日體相包，隱藏在太陽的匡廓之中，沉淪於洞然虛空之際，日月合璧，所以一些也看不出來。然而並不是沒有，乃是隱藏在裏邊而不現。若等到朔旦爲復，三日生明之後，則月中之金光又復其故性矣。而於是威光之鼎指坤鼎，乃熺然光明貌而熾盛，可以供離家之採取矣。

或又云「金復其故性者，乃金來歸性初，是取坎填離之意；威光鼎，指離，非指坎也」，但與參同契本文似不甚相合，至道理亦可相通。

二土全功章第十八

子午數合三，戊己數居五。三五既和諧，八石正綱紀。土遊於四季，守界定規矩。呼吸相含育，佇息爲夫婦。黄土金之父，流珠水之子。水以土爲鬼，土填水不起。朱雀爲火精，執平調勝負。水盛火消滅，俱死歸厚土。三性既會合，本性共宗祖。

子爲坎水，其數一即天一生水；　午爲離火，其數二即地二生火。一加二，合爲三。戊爲坎土，己爲離土，數居五即天五生土。合子午之三，與戊己之五，三五既得和諧即水、火、土三者調和之意，而三與五爲八，正如外丹中八石頂批　古時八石，朱砂、雄黄、雌黄、硫黄、空青、雲母、硝石、戎鹽（即青鹽），今硼石、膽礬、信石之得正綱紀。

夫土爲人身之真意，故在彼爲戊，在我爲己，遊於四季四季，一年爲春、夏、秋、冬，五行爲水、火、木、金，人身爲精、神、魂、魄也，猶真意周流乎一身精、神、魂、魄水、火、木、金；　冬、夏、春、秋之中。倘將真意收在戊己之中宮，守其界限，定其規矩守界定規矩，上陽子謂：「東有氐土，能守青龍之界；　西有胃土，能規白虎之威；　南有柳土，能矩離火之户；　北有女土，能定坎水之門。」，一呼吸，順自然之真息，綿綿若存，由粗入細，馴至神依息而凝，息戀神而住； 一收一放，呼吸調和，攝取外來真一之炁，入吾戊己之宮，與我久積陰精，兩相含育，而精神魂魄亦歸於中。 呼吸漸次佇定，陰陽結合，成爲夫婦矣。 然何以能如此哉？ 蓋黃土爲坎中之戊，戊土爲先天乾金，先天乾金生於坎戊之中，故黃土爲土之父土生金也； 流珠爲離家木汞，木汞生於水，故爲水之子，而土能尅水，故水則以土爲鬼。鬼即歸之意。尅我者爲鬼。 **蒲團子按** 「金丹四百字」，鈔本作「悟真」。據內容改。金丹四百字云：「真土擒真鉛，真鉛制真汞。鉛汞歸真土，身心寂不動。」 木爲水子，自亦從母而歸土矣。 水木俱於土，則土勢太盛矣。 土勢太盛，則水無所用，故土填水不能起。 然五行陰陽，當以調和爲貴，不可有太過不及。 今土勢太過矣，故須以朱雀之火精，執其平衡，以調其勝負「調和鉛汞要成丹，大小無傷兩國全」，大國指坎，小國指離。

夫朱雀火精，在人爲心神，即以心君之神火，下照於水土泛濫之處水土泛溢，即喻一身之濁陰太盛，而致氣機不運，或生痞脹等症。 於是乎火爲水滅，水不泛濫，水火調和，陰陽既濟，而俱歸於中宮之厚土此節當參看外丹書， 則水、火、土之三性，俱歸而合一。 於是乎，知本來之原性，實共一宗祖也。

辯解

八石正綱紀　八石乃外丹爐火中所用者，有二說：　朱砂、雄黃、雌黃、硫黃、空青、雲母、硝石、戎鹽，此八種，名爲八石；　另一說，則將雲母、硝石、戎鹽，改爲硼砂、膽礬、信石，前五種同上。八石正綱紀，等於下文「土遊於四季，守界守規矩」之意。　土既是喻言，則八石未嘗不是喻言。　蓋中央之氣，既已和諧，因此八方之氣，亦各正其位矣。

流珠水之母　「母」字當作「子」字。　參同契集註本作「子」。　流珠是木汞，水能生木，故曰「水之子」。

水以土爲鬼六句　可參考張紫陽金丹四百字所云「真土擒真鉛，真鉛制真汞。　鉛汞歸真土，身心寂不動」，其作用與此處所說者相同。

金丹妙用章第十九

巨勝尚延年，還丹可入口。金性不敗朽，故爲萬物寶。術士服食之，壽命得長久。金砂入五内，霧散若風雨。薰蒸達四肢，顏色悦澤好。髮白皆變黑，齒落生舊所。老翁復丁壯，耆嫗成姹女。改形免世厄，號之曰真人。

此節言效驗，本文已顯，不必再解。

辭解

老翁、耆嫗　古人七十歲曰老，六十歲曰耆。

丁壯、姹女　漢朝法制，男子滿二十歲爲丁；姹女，即少女之意。

按：耆嫗用何種方法，可以變爲少女，所有數十家參同契註解，皆不言及於此。或謂是服食外丹所致，然參同契第二十章又云「欲作服食仙，宜以同類者」。爐火燒煉之外丹，非人之同類，竊恐不合參同契本意。

除去爐火燒煉之外丹，則本章所謂「金砂入五内，薰蒸達四肢」者，金砂果爲何物乎？據陸先生測疏本內以養己第十三章註解中有云：「果能收視返聽，閉口勿談，則心息相依，神炁相守，自然打成一片，而和順積中，英華外邕矣。故曰：『黃中漸通理，潤澤達肌膚。』不言老翁丁壯、耆嫗成姹者何？非陽丹故也。」可知陸先生之意，認金砂爲陽丹。

然則陽丹又是何物？陸先生又引上陽子之言曰：「一者，坎之中爻也。一之爲妙，非師莫傳。世人不知一者掩蔽之妙，執言內煉可以成道，而獨修孤陰之一物。至論藥自外來，則又認爲房中採戰之術，豈不誤哉？」據此，可知陸先生所謂陽丹者，即坎卦之中爻。

夫坎卦之陽丹，既已具足，果能保守此中爻之一，而養煉之，留爲自用，則可以成己。若以其有餘者，轉而布施與人，又可以利人。豈不兩全其美乎？

若問坎卦中爻之一，從何而來，則仍從乾卦而來。蓋乾坤二卦，彼此以中爻互換之後，乾方變而爲離，坤方變而爲坎。乾不與坤交，雖破體之後，不能算是離卦，縱到衰老，只可算是殘缺不完之乾卦而已；坤不與乾交，雖二七之期已過，不能算是坎卦，至老仍是坤卦。

同類相從章第二十

胡粉投火中，色壞還爲鉛。冰雪得溫湯，解釋成太玄。金丹**以砂爲主，**面**稟和於水銀。**其**變化由其**兩方各有其**真，終始自相因。欲作服食仙，宜以同類者。**

胡粉，鉛所造之粉也，若投入火中鎔化，色雖變壞，還復凝結爲鉛。冰雪已成爲質，若得溫湯解釋，仍然化爲太玄水也。蓋理有其本性，總可還元。

夫金者，鉛也，炁也，坎中之戊，陰中陽也；砂者，汞也，神也，離中之己，陽中陰也。鉛之所以能來者，必須以汞迎之。鉛外來是爲客，汞在內是爲主。鉛以汞爲主，即金以砂爲主也。

水銀，則玉池金鼎彼此兩家均有之。在彼家，或稱神水，有時則直稱之爲水銀，如悟真篇謂「玉池先下水中銀」；在我家，有時亦或以汞名之，惟有真汞、假汞之分。此所謂「稟和於水銀」者，當是真汞。真汞神水，蓋能調和陰陽者，故云「稟和於水銀」。

而金砂之所以能變化者，由其有神水與真汞也。然此神水真汞，究是何物，則只能意會，難以言宣。蓋稱神稱真，均是微妙而不可測者，是在學者於恍惚杳冥中去領悟之耳。若能悟得此真，則知始終。終始皆須相因，此真而成變化，故知欲作服食之仙，宜以陰陽之同類爲之。

辭解

胡粉　即白色之鉛粉。

太玄　即水之代名詞。

植禾當以黍，覆鷄用其卵。以類輔自然，物成易陶冶。魚目豈爲珠，蓬蒿不成檟。類同者相從，事乖不成寶。是以燕雀不生鳳，狐兔不乳馬，水流不炎上，火動不潤下。

此篇無甚深意，不必細解。

辭解

陶冶　燒泥土以成器，曰陶；　煉鋼鐵以成器，曰冶。

櫝 喬木之類。

狐兔不乳馬 「乳」字，即「生產」之義，非言哺乳。

背道迷真章第二十一

世間多學士，高妙負良才。邂逅不遭遇，耗火亡資財。據按依文說，妄以意爲之。端緒無因緣，度量失操持。擣治羌石膽，雲母及礜磁。硫黄燒豫章，泥汞相煉飛。鼓鑄五石銅，以之爲輔樞。雜性不同類，安肯合體居。千舉必萬敗，欲黠反成癡。僥倖訖不遇，聖人獨知之。稺年至白首，中道生狐疑。背道守迷路，出正入邪蹊。管窺不廣見，難以揆方來。

羌，西羌；　石膽，膽礬；　豫章，大木也；　泥汞，泥包水銀也。

辭解

邂逅不遭遇　邂逅，即不期而遇。此句「邂逅不遭遇」者，言未能不期而遇真師傳授煉丹正法也。

耗火亡資財　白費爐火燒煉之資而無所得。

端緒無因緣　對於丹法之首尾始末，無因緣而知。

度量失操持　度數之長短，劑量之輕重，亦没有把握。

羌石膽　即膽礬。此物產於西羌。

礜磁　礜音遇，即砒石之類；　磁，即磁石。

豫章　木名，用以燒火煉藥，如用桑柴火之意。

泥汞　泥者，如六一泥之類；　汞，即朱砂中煉出之水銀。

五石銅　以五色石和入銅内，鑄各種器具，取其美觀。漢朝時代，頗爲風行。

欲黠反成癡　即弄巧反成拙之意。

僥倖訖不遇　「僥倖」同「徼倖」，即妄想非分，終無所遇。

三聖前識章第二十二

若夫至聖，不過伏羲，始畫八卦，傚法天地。文王帝之宗，循而演爻辭。夫子庶（衆也）聖雄，十翼以輔之。三君天所挺，迭興更遇時。優劣有步驟，功德不相殊。制作有所踵，推度審分銖。有形易忖量，無兆難慮謀。作事令可法，爲世定此書。素無前識資，因師覺悟之。皓若褰帷帳，瞋目登高臺。火記不虛作，演易以明之。火記六百篇，所趣等不殊。文字鄭重說，世人不熟思。尋度其源流，幽明本共居。竊爲賢者談，曷敢輕爲書。若遂結舌瘖，絕道獲罪誅。寫情著竹帛，又恐泄天符。猶豫增太息，俛仰輒思慮。陶冶有法度，未忍悉陳敷。畧述其綱紀，枝葉見扶疏。

附註　皓若褰帷帳，皓然若褰開帷帳，忽覔一室生明。瞋目登高臺，張開兩目，登在高臺上，則遠近皆見。火記六百篇，古有火記六百篇。存存子說：「火記演於易卦。六百篇，十個月之候。朝屯暮蒙，一月六十卦，十月六百卦。卦卦相同，較以六百篇，篇篇相似。」

辭解

庶聖雄　在眾聖中爲最傑出者。

天所挺　天之所特產也。

優劣有步驟，制作有所踵六句　言作參同契之由來。

前識　「前識」二字，見於道德經第三十八章。

皓若褰帷帳二句　言因遇師覺悟之後，徹底明白。譬如揭去層幕，睁開眼目，而登於高臺之上，一覽無餘矣。

火記六百篇二句　火記者，丹經也；六百篇，是喻言，非必實有此數。古人鈔寫書籍，頗爲不易，決無如此笨重之簡帙。蓋一月用六十卦，十月用六百卦，六百卦皆是火候，故謂「火記六百篇」。

幽明本共居　有顯明之法象，即有隱秘之玄機。

枝葉見扶疏　扶疏者，繁茂意。

金火銖兩章第二十三

以金爲隄防，水入乃優游。金計有十五，水數亦如之。臨爐定銖兩，五分水有餘。二者以爲真，金重如本初。其三遂不入，火二與之俱。三物相含受，變化狀若神。

以金隄防築土以制水也者，金，即鉛也，鉛能防汞，使汞不飛也。水入乃優游者，謂庚金所生之壬水也。此皆指彼鼎中之物。蓋金者剛氣，太剛必折，故須得柔和之水氣相併入內，乃得優游而閒暇，從容而不迫。

金計十五者，悟元子謂：「先天真金，自一陽復，而漸至於純全，圓陀陀，光灼灼，通幽達明，如十五之月，光輝盈輪，無處不照。取數爲十五，此金之本數也。有一分金，即生一分水。有十分金，即生十分水。如月十六，一陰潛生，至三十日，光輝盡消，復爲黑體，取數亦爲十五，故曰『水數亦如之』。」此言人身之中，陰陽必須平均也。

然臨爐以定銖兩，則金數雖是十五，水數則不得用十五。非但不得用十五，即五分之水，已爲有餘。何以故？蓋金爲先天之金，其初生一二分之水，有水之炁而無水之形，謂之先天真一之壬水。因其接近乎先天之金，故此水至真，是曰「二者亦爲真」。惟真金能生真水，亦惟真水能生真金。真者不增不減，不敗不壞，故金之重如本初。雖然，假者亦真之所化，真者即假之還元。

真金生水，在一二分之際，則有氣無形，恍惚杳冥，此爲壬水；若漸到三分，則氣已化液，落於後天，即爲癸水矣。癸水氣濁，不可入也，故云「其三遂不入」。夫當壬水生到二分之際，既知其爲真，則亟須以丙火二分與之相俱。丙火，即真汞也；與之俱者，即運汞迎鉛，凝神入氣穴之法也。然後金、水與火，三物在鼎爐之間，互相含受，其變化之狀自爾若神矣。

下有太陽氣，伏蒸須臾間。先液而後凝，號曰黃轝焉。歲月將欲訖，毀性傷壽年。

上文三物既相含受，變化狀已如神，然終須賴有太陽之氣即離家之汞火也，伏蒸於下，方能須臾之間薰騰，由河車載而逼之上升。當其升之時也，先是液體，及其繼也，降下而至丹田，乃凝而爲丹，號之曰「黃轝」。所以名黃轝者，因其上升之時，兀兀騰騰，如車轝行於黃道之上也。陸云：「此明以汞求鉛之義。」

太陽氣，離宮火也；　須臾間，一時半刻也。作丹之法，乘其爻動之期，運一點真汞以迎之頂批　運汞迎鉛，須先將汞煉好。煉汞，即煉己之神也，則火蒸水沸，其金丹隨水而上矣。爾其貫尾閭，上泥丸，下重樓，入紫庭。先則氣化爲液，而有醍醐甘露之名；後則液凝爲丹，乃有「黃轝」之號。黃轝者，以其循河車而逆上，行於黃道之中，如車轝然，故以名之。到此則金公歸舍，還丹始成。

歲月者，攢年成月，攢月成日，攢日成時。而一時之中，分爲三符，求鉛之候只用一符。所以如此之速者，知止足也，故攢簇之。歲月欲訖之時，不能持盈守滿，忽爾姹女逃亡頂批　「姹女逃亡」有數說，是謂毀性。金汞歸性，性既毀矣，金液何附？所謂「藏鋒之火，禍發必尅」頂批　即毀性也，年壽之傷，無足異者。

形體爲灰土，狀若明窗塵外丹中名目。頂批　塵因日光而顯。擣合并治之，馳入赤色門。固塞其際會，務令致完堅。炎火張於下，晝夜聲正勤。始文使可修，終竟武乃陳。候視加謹慎，審察調寒温。周旋十二節，節盡更須親。氣索頂批　索，盡也命將絕，休死頂批　「休死」，一作「體死」亡魂魄。色轉更爲紫，赫然成還丹。粉

提以一丸，刀圭頂批 刀圭，十分之一方寸匕**最爲神。**

形體乃渣濁的東西，是後天，終須爲灰爲土。惟其狀若明窗之塵，光明而有耀，爲先天之炁也。此炁能生金生水，伏鉛伏汞。若搗合即陰陽相交合也而并治之，即馳入赤色之門赤色門，即「種入乾家交感宮」之意，因乾爲火赤故也。又曰「赤色門，離宮也」，亦通。

馳入之後，即當固塞其交際會合之竅，務令他完固堅凝。然欲如此，必須使炎火或云離宮火，即太陽氣伏蒸之意伏蒸於下亦即神光下照之意，方能使氣水上騰。朝暮如此，則晝夜有河車轉運之聲即「夾脊雙關透頂門」之意，似極辛勤。蓋始則用文以修之，恍惚杳冥，混混沌沌也；終則以武而煅煉，載金上升，驅逐陰邪也。頂批 陸云文火爲先天，武火即固際、守禦等火。如此一文一武，即所謂「一爻剛兮一爻柔」也。

候視加謹慎者，防臨爐時走丹也，即「依時加減定浮沉，進火須防危甚」之意。審察調寒温者，即審察自己之精神氣血，有否太過、不及之處。若覺其人體肥多濕、陰盛陽衰者，當以武火煅煉，即專氣存神，使濁陰氣化爲清陽也；若或體瘦多火、陽亢陰虛者，當以文火温養爲重。如何温養？即致柔守靜，使亢陽化爲和陰也。陰化爲陽，爲調其寒；陽化爲陰，爲調其温：此之謂「調寒温」。又養丹之時，須要念不可起，念起則火燥；意不可散，意散則火寒：此亦是「調寒温」。又性功主養，屬陰，而陰性寒；　命功主煉，屬陽，而陽性溫：　性命雙修，陰陽互濟，是亦在「調寒溫」之例。

十二節者，即卦節也。頂批　十二節，一年十二節氣，一日十二時辰。　由復而剥，由剥而復，陰極則陽，陽極則陰，六陰六陽，循環周流，終而復始，故曰「節盡更須親」。按：　此循環之道無端，丹道、人道、天道、地道，一年、一月、一日、一時，均不能外此卦節之周旋也。是以神氣索然，命似將絕，休息而死，亡其魂魄矣。不料絕後重蘇，大死再活，且道貌盎然，色更轉而爲紫有道之人必有紫氣，故道祖過函谷，文始真人望見有紫氣東來。　頂批　戊土爲灰色，己土爲紫色，紫爲木火合色青與赤也，赫然成爲還丹矣。

粉提、刀圭者，小而少也。以甲撮物曰提。　言還丹雖是至微至小，而其用至神，故曰「最爲神」。

水火情性章第二十四

推演五行數，較約而不繁。舉水以激火，奄然滅光明。日月相薄蝕，常在晦朔間。水盛坎侵陽，火衰離晝昏。陰陽相飲食，交感道自然。名者以定情，字者緣性言。金來歸性初，乃得稱還丹。

因煉丹與五行甚有關係，故須推演五行之數理。**頂批**　推演五行數，即推演五行生成之數。然其數理，亦極較約而並不繁，不過舉彼鉛水即彼之真水，當於杳冥中求之，以激我汞火汞火，即我之慾火，則能奄然消滅我汞火妄動之光明。然光明的本性，並非永滅也，亦不過如日月之互相薄**頂批**　薄，迫近之義蝕**頂批**　日蝕大抵總在初一日，因日月立在同一條線上；月蝕總在望日，因日、月、地球三者同立在一條線上，常在晦朔間合符之時，暫時淹滅耳。若到初三之後，則重復光明，金復其故性矣。是以水盛者，則坎宮之水，必來侵陽；火衰，則離日之光，必致晝昏。蓋陰陽相射之道，如彼此互相飲食，其交感之道，實自然而然也。名者，以定彼情之動；字者，則緣我性而言。仇註：「一說古人締婚有納采問名，女子許嫁，則笄而加字。名者以定情，男求婚於女也，此喻以性攝情；字者以性言，女作配於男也，此喻情來合性。借婚姻之事，以喻陰陽交感之道，「名」「字」皆就女家言。」　**頂批**　本爲一人有名有字，名屬於情，字屬於性。寂然不動，曰性；　感而遂通，曰情。名者定情，離欲求坎；　字者緣性，坎願嫁離。無名天地之始，有名萬物之母。

以相對而論，則彼爲金情，我爲木性。彼之金情，來歸我之木性。西遊演義謂：「金來歸性還同類，木去求情亦等倫。」

性初者，謂我原初之木性，本與金合，及情竇既開之後，乾金方破而爲離。今仍得彼之金情，來還我原初之木性，故爲「歸性初」。金木既合，返本還原，故稱「還丹」。

辭解

日月相薄蝕　薄者，迫近之義。因日月所行軌道迫近，日體被月體所遮蔽，遂有日蝕之象。

名者以定情　古者男子求婚，有納采問名之舉。以珍飾爲結婚證物，曰「定情」。

字者緣性言　古者女子許嫁，笄而字。情既屬之女方，則性當屬之男方。

金來歸性初　金者，金情；　性者，木性：　即第二十八章所謂「推情合性」之義。性初者，元始也。元始之性與情，本是一家，道德經所謂「兩者同出而異名」是也。

古今道一章第二十五

吾不敢虛說，倣效古人文。古記題龍虎，黃帝美金華。淮南煉秋石，玉陽嘉黃芽。賢者能持行，不肖無與俱。古今道由一，對談吐所謀。學者加勉力，留念深思惟。至要言甚露，昭昭不我欺。

淮南王，漢劉安，厲王之子，封於淮南，因號「淮南王」。性好道，感八公授道，王棄位，隨八公往壽州修煉，丹成而去。今八公山見在。

「玉陽」，或作「王陽」，漢時有益州刺史，常好道，以作金救人，故陽貴此，立號黃芽。但此均外丹名也。

頂批 兑爲金華； 艮爲秋石； 黃芽，水火二者相合而生成。

辭解

古記題龍虎 真一子彭曉所作周易參同契通真義序中言，魏伯陽真人得古文龍虎經，盡獲妙旨，乃約周易撰參同契三篇。愚按： 今世所傳龍虎上經，題軒轅黃帝著，其作用是講神丹，其文句頗有幾分類似參同契，是否即魏公當日所見之龍虎經，雖未敢斷定，若竟謂龍虎經是後人僞作，亦無確據，存而不論可也。

淮南煉秋石　本草綱目卷五十二秋石釋名，時珍曰：「淮南子丹成，號曰秋石，言其色白質堅也。近人以人中白煉成白質，亦名秋石，亦言其出於精氣之餘也。再加升打其精致者，謂之秋冰。」

玉陽嘉黃芽　「玉陽」，當作「王陽」。西漢時有王吉者，字子陽，宣帝、元帝兩朝嘗爲諫大夫。黃芽、白雪，皆外丹中專門名詞。

乾坤精氣章第二十六

按： 此章即「乾坤爲鼎器，坎離爲藥物」之意。

乾剛坤柔，配合相包。陽稟陰受，雄雌相須。偕以造化，精氣乃舒。

乾是天，坤是地； 乾是男，坤是女； 乾是剛，坤是柔； 乾是陽，坤是陰。 天地配合，即是男女配合； 男女配合，即是剛柔配合； 剛柔配合，即是陰陽配合。頂批

孔子曰：「吾未見剛者。」或對曰：「申根子曰：『根也慾，焉得剛。』」上陽子曰：「剛之義，大矣哉！」

相包者，天之形包乎地外，而天之氣入乎地中入乎地中是地包天，故曰「相包」。 至世間男女之交合，其象亦彷彿如此。 蓋總不外乎陽則稟與即上文「雄陽播玄施」意、陰則接受即上文「雌陰統黃化」意，一雄一雌，彼此之相須相須，即相交往之意，上文有「此兩孔穴法，金氣亦相須」耳。 然徒然相須，不生作用，必須合以太空中先天一炁爲造化之本，然後陽之精、陰之氣，乃得舒暢而流行。

按： 先天一炁，爲造化之本，不特逆則生仙之出世法須此物來，即順則生人之世間法，亦須此物來。 但此物不能目覩，非人力所能謀而致之，只在陰陽相交，一呼一吸，則此物自在不知不覺、有意無意中攝受得來，至爲神妙不可測者，今科學家謂此物爲原始之電子。 而佛家論生人之道，則曰憑父精母血與前生之識神（即靈魂）三者交相和合而成。 按父精母血相合者，即「雄雌相須」也； 與前生之識神者，即「偕以造化」也。

又李文燭註：「雌雄相須，乃物性之自然，但坤中造化未到，雖合不成胎，必待先天造化將至，然後元精流布，因氣托初，而胎始凝焉。」

又知幾子註：「癸水到後六十時辰，坎宮機動，即其造化也。布種結丹在此時，採藥成丹亦在此時。」

又陸西星註曰：「朱子謂：『陰精陽氣，聚而成物。』蓋精者，陽中之陰；氣者，陰中之陽。精先至而氣後來，則陽包陰而成女；氣先倡而精後隨，則陰裹陽而成男。」

又易曰：「精氣爲物，游魂爲變，故知鬼神之狀。夫爲物則鬼也，爲變則神也。」上陽子曰：「爲物者，順行而生人生物也；爲變者，逆用而成仙成佛也。」

坎離冠首，光耀垂敷。玄冥難測，不可畫圖。聖人揆度，參序立基一作「元基」，一作「元模」。今從朱本。

以天地爲乾坤，則以日月爲坎離；以男女爲乾坤，則以精陽中陰也氣陰中陽也爲坎離。天地爲體，若無日月，不生作用，必須藉日月坎爲月，離爲日，不曰離坎而曰坎離者，日月交光，顛倒而爲月日也冠首，光耀交垂而敷布，方能生人與生萬物；男女爲體，若無精氣，亦不生作用，必須藉氣精冠首，雄雌相須，其理亦同日月之光耀交垂敷布。然後順而行之，則爲世間之生男育女；逆而用之，則爲出世之作祖成仙。

然其生之之原，却是空洞無憑，玄冥難測，不可以畫圖形容之。惟聖人能揆度其本元，知其配合交光之理，參其次序，知其往來消息之時，於是用之，而立爲丹基。知幾子云：「玄冥屬坎宮水位，此指先天真一之炁。」李註：「玄冥内藏，有氣無質，恍惚杳冥，烏從摹寫其形似哉？」

四者混沌，徑入虛無。餘六十卦，張布爲輿。龍馬就駕，明君御時。

四者，乾、坤、坎、離也； 混沌者，坎離交姤時之景象也。乾坤本不能混沌，藉坎陰中陽精離陽中陰精之交，於是乾爲男坤爲女亦隨之而混沌。既混沌矣，自不知不覺，而徑入乎虛無。夫丹道合乎易道，易道有六十四卦，丹道亦然。今除去乾、坤、坎、離四卦爲體爲用外，餘之六十卦，則張布以爲車輿。按：輿，或云「坤爲大輿」，或云以爲周天火候。因輿之輻有三十，一月亦三十日，故曰「爲輿」。然後龍馬則就而駕之，明君則以時御之。按：龍馬皆乾家之物，蓋龍爲陽物，周易謂之能潛能現，能躍能飛，能進能退，能屈能伸。又云乾爲龍爲馬。明君，則我之心神也。以我之心神，駕我之龍馬，而御彼之坤輿，必須依時消息，隨彼六十卦氣次序自然之變化，不容預存成見於胸中也。**頂批** 或作「六十卦用，乾坤配合」，等於龍馬之御車輿。或云龍馬負圖而出，蓋瑞物，亦靈物也。明君，則聖君也。修丹之道，既當如龍馬之就駕，又當如明君之御時也。

和則隨從，路平不邪。邪道險阻，傾危國家。

駕馭之法，當以和爲貴。然則如之何爲和？即以我之心神，調和我之龍馬，然後就而駕彼之車輿，則彼之車輿，自然隨我之龍馬，而從我心之所欲。如行在大路上，平而不陂，坦蕩舒適，我心神自然寬和暢快矣。按李文燭註：「御鼎（鼎即指坤輿）以和爲貴，和則上下之情得以相通，上隨下之所好，下從上之所命，斯得心而應手矣。」知幾子云：「『和』有二義：一是情意協和，一是水火調和。協情意，須養鼎有恩；調水火，須煉己純熟。此平易中正之大道也，捨正道而涉旁門，佳兵輕敵，小人得之輕命矣。」若行於邪道，而不以和平爲貴，則險阻橫生，必致傾危國家國家，喻一身而喪失生命也。

入室休咎章第二十七

君子居其室，出言其善，則千里之外應之。謂萬乘之主，處九重之室，發號施令，順陰陽節，藏器待時，勿違卦日。

陶註：「此易傳釋『鶴鳴子和』之詞易曰「同聲相應」，又曰「鶴鳴在陰，其子和之」，引之以明入室火候。亦有母氣先倡，子氣後和之意。」

易曰：「君子居其室，出其言善，則千里之外應之，況其邇者乎！」謂感應之道，雖遠能通，何況在近？**頂批** 按：「出其言善，千里之外應之」，尚恐別有用意。泥丸翁云「言語不通非眷屬」，與此節恐有關係。

今煉丹之君子，在丹房中臨爐，猶萬乘之主處九重之室萬乘之主，至尊也；九重之室，至尊所居之處也，其驅龍就虎，發運汞迎鉛之號，施進退屈伸之令，宜如大帥用兵，必須老成持重，務要順陰陽之卦節，沉機觀變，不可孟浪輕舉，致敗乃公事也。所以藏器待時，能勿違值卦之日，是爲至要。**頂批** 或云「卦月」。勿違卦日，諸家沒有定論，再當請教先詳細討論。**蒲團子按** 頂批當有缺字。

按： 器，濟一、知幾均謂「即鼎器也」。惟濟一則言此器是先天鼎，知幾則謂是後天爐藥之鼎，故云「每鼎月凡六候，欲行火六十卦，恐軒轅九鼎（此以軒轅之九鼎，亦指人元之鼎）猶未爲斁。況有潮汐同期者，朝暮兩度，未必金水適均，則藏器非大有力者不能也」，是云鼎器要多也。

屯以子申，蒙用作「以」**寅戌。六十卦用，各自有日。聊陳兩象，未能究悉。**

接上言弗違卦日。卦日又作卦月。但卦日一日兩卦，一月六十卦； 卦月，則一日一爻，一月五卦，一年六十卦。總之，卦爻可以活用。由小至大，則一時可推一日，一日可推一月，一月可推一年； 由大返小，則一年可推一月，一月可推一日，一日可推一時。由小至大，謂之推廣； 由大返小，謂之攢簇。蓋時間問題，本來可以伸長，可以縮短，萬劫即刹那，刹那即萬劫，達者皆可隨時運用，心領神會。

今若按卦而言，則屯乃坎震合卦䷂，坎爲水，震爲雷，雷在水中，陽動於陰中也。屯以子申者，坎在子爲水，水生於申，旺於子，陽氣至子而升，陽用事也。蒙乃艮坎合卦䷃，艮爲山，坎爲水，水在山下，陽氣止於陰中也。蒙用寅戌者，艮在寅藏火，火生於寅，庫於戌，陽氣至戌而藏，陰用事也。屯主生陽，蒙主養陽，修丹之道，藏器於身，待時而用。按： 以上均悟元子語。其所謂藏器者，指煉己築基言，器則斗柄也； 所謂待時者，或指待坎宮爻動而言，故云雷動水中。

當進陽，而陰中返陽恐即指小往大來、前短後長意以進火；當陽足，而陽中運陰以退火。按：陽中運陰，是休息之意。蓋陽足者，陽盛極矣。盛極必衰，陰氣自然來承。來承之時，剛返爲柔，直返爲曲，伸返爲屈，不能再進火矣，自當休息致柔，以天一真水養之。吾師云：「如煉鐵然，進陽火，譬如將鐵放在火中猛煅，及煅得通紅，則取出向水中一浸，即是退火，亦叫陰符。如此一燒一浸，火水交煉，經過幾次後，結果自能煉成純鋼。丹道亦是此意。」**蒲團子按**「吾師云」及引語，當係汪伯英先生鈔按。「吾師」即指陳攖寧先生，引語爲陳攖寧先生語。如蒙陽止陰中陽在陰中自然縮小也。

六十卦用，即屯、蒙、需、訟、師、比、小畜、履、泰、否、同人、大有、謙、豫、隨、蠱、臨、觀、噬嗑、賁、剥、復、无妄、大畜、頤、大過、咸、恒、遯、大壯、晋、明夷、家人、睽、蹇、解、損、益、夬、姤、萃、升、困、井、革、鼎、震、艮、漸、歸妹、豐、旅、巽、兑、涣、節、中孚、小過、既濟、未濟。以日算，則一日兩卦，一月六十卦；以月算，則五日一卦，一月六卦，一年六十卦。照卦次序，依次挨排，故云「各自有日」。「聊陳兩象，未能究悉」者，蓋謂這個卦氣，乃是自然經過的歷程，只要順時聽天，依法行功，則身中的陰陽變化，營衞升降，自然會暗合六十個卦氣，不必一定要去細細推求，徒費筆墨唇舌。倘若願意去研究他，可去觀周易六十卦的象爻可也，兹不贅。

在義設刑，當仁施德。按歷法令，至誠專密。謹候日辰，審察消息。消爲虧，息爲盈。

在義設刑，就是用武火封固之法，嚴密謹守，靜養浩氣，使剛大充塞乎天地，則邪魔鬼怪不敢相乘，雜念游思消除淨盡。好像用一種嚴肅威猛的手段，大義凜然的設刑罰摺攝羣小即六根、六塵之類，使羣小不敢弄權，一聽主君即心君號令。當仁施德，就是當鼎中陽氣發生的時候，宜應時採取。採取之法，當優游閒暇，從容不迫，則鼎中仁德，自然柔耎布施，坎宮鉛氣，不勞你去如何用心，他自會輸送過來。這便是當施仁德，屬外藥，坎離兩方面事；　在義設刑，屬内藥，離卦一方面事。按歷法令，至誠專密，即順陰陽之自然，不可妄用心機，只要至誠不息，專心嚴密，則丹道之運用，自合一年春夏秋冬四季之升降。

謹候日辰者，謹候坎宮爻動之日辰也；　審察消息者，審察坎宮爻動之消息也。

頂批　知幾子註：「六時退符，此在義也；　六時進火，此當仁也。進火用陽金，以發生爲德；　退符用陰水，以收斂爲刑。金水得宜，則順而成吉；　金水誤用，則逆而成凶。故當按歷法令，至誠專密，以候爻動之日辰，以察火符之消息。」陶云：「按歷者，按歷數以排火候；　法令者，法時令以還抽添。」

纖芥不正，悔吝爲賊。二至改度，乖錯委曲。隆冬大暑，盛夏霰雪。二分縱橫，不應刻漏。風雨不節，水旱相伐。蝗蟲湧沸，山崩地裂。天見其怪，羣異旁出。

纖芥，即一些。若有一些不正，即悔悔，不當也吝吝，嗇滯也來爲賊害。譬如二至冬至、夏至也。冬至一陽生，子時宜進陽；　夏至一陰生，午時宜退陰。此言人身之冬夏二至，來作譬喻也改度即應進火而反退符，應退符而反進火，乖逆差錯而委曲，不能順陰陽之節。於是乎隆冬大暑，萬物不得封固閉藏以比適在陽足之時，正宜運用陰符以退火性，然後可以保藏真精，堅固不泄，今乃不然，反恣情縱慾，以竭其精，使陽氣亢甚，而外强中乾；　盛夏霰雪，五穀不得開花結實以比陰寒適盛之時，正宜進以陽火代其陰精，乃反蓋以陰寒，使濁邪更甚，如此則安能望育嬰兒而結聖胎哉；　二分春分、秋分也，亦喻人身之中也。丹家火候，有一日之分至。蕭廷芝曰：「子時象冬至，陰極陽生；午時象夏至，陽極陰生；卯時象春分，陽中含陰；酉時象秋分，陰中含陽。人身之中各有分至。」縱直也橫離坎一直一橫也，不順自然之節度。故陸潛虛謂之「君驕臣佞」也。不應刻漏，不能靜調呼吸，不肯輕運默舉，馴致水溢火燥，多寡不勻，正如風雨之不節，而水旱之相伐。

李文燭云：「金水錯投，即二至改度；情性不合，即二分縱橫。火盛則傷於旱，如蝗蟲湧沸；水盛則傷於濫，如山崩地裂。水火不調，陰陽失應，則災害交作，如日星雷雹之怪異。」如上種種，皆臨爐時不誠不敬之故也。

孝子用心，感動皇極。近出己口，遠流殊域。或以招禍，或以致福，或興太平，或造兵革。四者之來，由乎胸臆。

必當如孝子之用心，光明磊落，愛敬慈仁，至誠無間，純一不二，自然能感動彼鼎中之皇極皇極，即喻爻動也。易不云乎：「寂然不動，感而遂通。」是近出己口，尚能遠流殊域，蓋感應之道使然也。或以招禍，此心之存乎邪也；或以致福，此心之念乎正也；或興太平，此心之存乎仁也；或造兵革，此心之念乎暴也。潛虛子曰：「喪寶爲禍，得寶爲福，爲而不爲曰興太平，輕敵强戰曰造兵革。四者皆由於心之誠與不誠、正與不正而已。」

動静有常，奉其繩墨。四時順宜，與氣相得。剛柔斷矣，不相涉入。五行守界，不妄盈縮。易行周流，屈伸反覆。

陸西星說：「動静，謂火候之早晚早屯爲動，暮蒙爲静；繩墨，爲卦爻也卦中爻動，有一定之繩墨，如陽極必生陰，陰極必生陽。藏器於身，待時而動，蓋絲毫不爽者也；四時，爲寒、熱、温、涼；氣，謂陰陽二氣。」

知幾子解此節則曰：「鼎中氣機，各有動静，丹家依其常度，當如匠者之奉繩墨。方静而翕也，先調鼎以養其氣；及動而闢也，則按候以採其真。按候須乘四時，子寅在朝，宜進陽火，得其金氣癸後半月謂之金，象朔旦至望也，以固内體；申戌在暮，宜退陰符，得其水氣癸前半月謂之水，象既望至月晦也，以培外用。此四時順宜之法也。剛柔斷矣，指六候火符，朝以剛爲裏裏即内體之意，取諸震兑乾震兑乾，即朔旦至望，用剛而不涉於柔；暮以柔爲表表即外用之意，取諸巽艮坤巽艮坤，即既望至晦，用柔而不涉於剛也。又須五行守界，使兩相配當。金水戊土，爲坎之界，守之於坎，不使此盈彼縮此犯輕狂粗暴陽亢爍陰之病也，而水至於乾；木火己土，爲離之界，守在於離，不使彼盈此縮，而火至於寒彼盈此縮，乃鉛動而汞失應，離家不知按候探求以進陽火也。易行周流者，即坎離交姤，象日月之運行周流也；屈伸者，陰陽消長之機；反覆者，屯蒙顛倒之象。」

晦朔合符章第二十八

晦朔之間，合符行中。混沌鴻濛，牝牡相從。滋液潤澤，玄化流通。天地神明，不可度量。利用安身，隱形而藏。

晦朔之間，即日月合璧，乃天地陰陽兩性交會之時。夫陰陽兩性之交會，在人身，則有神氣合一；在卦象，則有水火既濟；在時日，則曰亥子之半亥時陰之終，子時陽之始，半則陰陽交會；在氣運，則曰貞元之會元亨利貞爲四德，元爲德之始，貞爲德之終，貞下起元，終則復始，是謂「貞元之會」；以性情而言，則曰動而未形，有無之間人性本寂然不動，而静感乎物，遂動而通，曰情動而未形。蓋静極將感而動，正在動静之間，亦即有無之間也。天地於此乎開闢，日月於此乎合璧，人身之陰陽於此乎交會，乃天、地、人之至妙至妙者。神仙於此時盗其機而作丹，則内真外應，若合符節矣。

混沌鴻濛者，陸氏云：「鼎中氤氳之炁也。」其時天機已動，陰陽有相求之情，而雄陽播施，雌陰統化，滋液潤澤，自相流通，即所謂『混沌相交接，權輿樹根基』也。」知幾子註謂：「此論鼎上火符，先從晦朔序起者。合璧之後，方有震兑諸候也。蓋晦朔之間，日月並行於天中，是謂合符行中。合符，即合璧也。此時月爲日掩，不露其光，自朔以後，方得生明。鼎中癸盡鉛生，而藥苗新苗，候亦如之。混沌鴻濛，乃先天真一炁，乘此牝牡交接，其氣之滋液潤澤陸註：「滋液潤澤，乃陰陽交會之真景象，一氣流通，無所不通，如煙如霧、如露如電也。」者，能施化於吾身，而遍體爲之流通矣。」又云：「混沌鴻濛，應指首經元炁；下文『始於東北』，方指每月初鉛。若以此一條就當六候之震庚，在下文爲重復。且後天鉛生，焉能混混濛濛，常如先天炁之渞厚哉。」

夫混沌鴻濛之炁，乃人身活子時，難以窺測，雖天地鬼神，亦不能度量，故丹士只能靜以密俟之。度量，謂不能以智慮謀。天地鬼神猶不能以智謀，况於人乎？靜，即誠也，即寂然不動也。既不能以智謀，是只有以誠感。

安身者，安靜虛無，煉己待時也；隱藏者，閉塞三寶，韜光養晦也。如是則可以失至靜之原而不失乎爻動之機。

又上陽子註：「晦、朔、弦、望，一年十二度，天上太陰與太陽合璧，常在晦朔之間；人間少陰即兑卦也，亦有十二度十二度者，謂女子月事，亦是一月一來，一年十二次也，以隱形而看經濟一子註：「隱形看經，這經是不可見之經，故曰隱形看之。」，故混沌鴻濛之時，經罷而符至也。」

頂批　按：晦朔之間，若專就先天鼎而論，則必坤之二七十四兩卦氣已足，陰氣已純，乃謂之晦。然陰極必生陽，乃造化不易之序，故内經云「女子二七而天癸至」。癸至者，即朔也。晦朔之間者，謂二七之期已屆，而天癸則在將萌未萌之際。於時乾卦乃與坤卦接觸，迎神以入彼氣穴，以合其符苗，而共行中央戊己之功，是謂「晦朔之間，合符行中」。此即天人合發，可以採藥歸壺之時。邵子云：「一陽初動處，萬物未生時；此際宜得意，其間難下辭。」又曰：「冬至子之半，天心無改移；一陽初動處，萬物未生時。」

始於東北，箕斗之鄉。旋而右轉，嘔輪吐萌。潛潭見象，發散精光。昴畢之上，震出爲徵。陽氣造端，初九潛龍。☳一陽爲震。

上文隱形而藏，雖指修丹，然以月爲喻，謂晦朔之時，月形隱藏而不見。然陰極必陽，故晦後即朔，乃始於東北方箕斗箕者，東方七宿之尾；斗者，北方七宿之首之鄉。陸西星說：「正謂亥子之交。」其實按時納宿，當在丑寅之界。知幾子云：「晦朔後，新月初出，東北正值箕斗之鄉，但月升在日間，故不見其景色耳。」

旋而右轉，向牛女虛危一帶，嘔其月輪，吐其萌蘖。陸註：「『嘔輪吐萌』四字要有分曉。嘔者，盡出；吐者，微出；輪者，全月之水輪；萌者，輪下之微光，如草之萌蘖然。」如龍潛在深潭者，現出景象，發散其精光，移至西方酉申之界，昴畢之上。知幾子謂：「至黃昏之候，則吐萌散光，移在潛潭西方昴畢之上矣。所謂『初三月出庚』也。」又云：「見象於水輪中，微見金光也。」頂批 悟元子云：「畢昴，西南坤地。坤中孕震，現蛾眉之光，是謂『震出爲徵』。」

震卦出而爲徵前文所謂「震庚受西方」也，是乃陽氣之初造其端，象易乾爻之「初九潛龍」也。陸註：「卦象震雷出地，一陽起於重陰之下，爻應乾之初九，如龍之潛伏於淵下也。此時陽火起緒，藥則可用，而火宜微調者也。」按：藥則可用，即當運汞迎鉛；火宜微調，即是輕運默舉，調其天然之神息也。

陽以三立，陰以八通。三日震動，八日兌行。九二見龍，和平有明。

☱ 二陽爲兌。

初三日昏，月光出庚爲西方。**頂批** 日昏月先出，故云「陽以三立」； 初八丁爲南方，故云「陰以八通」。陸註：「三乃陽數，八乃陰數。至此則陽與陰相和通矣。」

三日震動，即前云「震庚受西方」； 八日兌行，即前云「八日兌受丁」。蓋震爲一陽，兌則二陽矣。爻應乾之九二「龍德正中」也，喻人身陽火用功之半； 和平有明，言火力均調之意。陸云：「身中藥物均平，始當利見，採則已老，而火宜沐浴者也。」按易傳：「見龍在田，天下文明。」

三五德就頂批 德就，功德圓滿也，**乾體乃成。九三夕惕，虧折神符。** ☰ 三陽爲乾。

陸註：「三五十五即望也，月廓盛滿，乃成乾體，此時陽升已極，屈折當降按：屈折當降，象乾方陽火已足，採藥已畢，則動而直者，自轉爲靜而屈矣。」 乾爻則當『九三夕惕』之爻。易乾之九三曰：

「君子終日乾乾，夕惕若厲，無咎。」是宜持盈守滿，不得怠縱。」蓋謂即宜虛心下氣，速行致柔之道，急流勇退，切勿仍居鼎中，如駑馬之戀棧而不休，則必致有鉛飛汞走之危也。悟真篇云「依時採取定浮沉，進火須防危甚」，即勗人宜知持盈守滿之道也。

神符者，神火有符信之謂，其名見銅符鐵券中，此處以喻坎鼎中之火符。

盛衰漸革，終還其初。巽繼其統，固濟操持。九四或躍，進退道危。 ☴ 一

陸註：「十六則盛極當衰，漸虧漸減，終當成晦，故曰還初。於時陽虧陰長，於象爲巽卦繼統。然而陽退一符，則陰進一符。當此進退改革之際，正應乾爻之九四『或躍在淵』，可以進而不遽以進，是以固濟操持，當使陰符包裹陽氣。或問：『火爲神火，吾固知矣。陰符何物，亦可言乎？』曰：『凡人一身之中，皆後天陰氣也。陽退一分，則陰自進一分，正如月廓之虧，陽自虧耳。白者豈別有物？即本體也』。」

按：其意若曰陽火則於坤鼎中求之，陰符則只須安靜虛無、內以養己之法耳。但知幾子之意則不然，謂陽火陰符，皆在坤鼎中求之，惟有前半月、後半月之分耳。

按：易傳九四有「或躍在淵，乾道乃革」，又「上下無常，非爲邪也」按：謂上下易陰爲巽。

位，非爲邪道，又「進退無恒，非離羣也」按：進退道危，謂在進退維谷、陰陽交界之間，最宜謹慎小心，不然其道甚危，難免烹走之虞。丹經常謂防危慮險者，於此際極宜注意。

頂批 悟元子云：「此謂修道者，剛氣進添至極，須當以柔接之，固濟操持，保養其剛，在乾卦爲九四之『或躍』。『或』云者，疑之也。疑其進退，於道有危，謹慎之至也。」

頂批 師云：「固濟，即封固也，外丹語。此則言以神合氣，以氣合神，神氣相依，以堅固其竅道也。」**蒲團子按** 「師云」及引語，當係汪伯英先生鈔按。「師」即指陳攖寧先生，引語爲陳攖寧先生語。

艮主進止，不得踰時。二十三日，典守弦期。九五飛龍，天位加喜。☶

艮卦，爲一陽止於二陰之上，陰符進而止其陽。蓋陽精內隱而陰氣外承，進火宜止，不得踰時過分。因是時正爲二十三日典守下弦之期，陰陽各半，金水又平。其在乾爻則當九五「飛龍」，位乎天位，以正中也。易曰：「飛龍在天，乃位乎天德。」又云：「同聲相應，同氣相求；水流濕，火就燥；雲從龍，風從虎。聖人作而萬物覩，本乎天者親上，本乎地者親下，則各從其類也。」丹藥至此，可慶圓成矣，故云「加喜」。

六五坤承，結括終始。韞一作「韜」**養衆子，世爲類母。上九亢龍，戰德於**

下。☷三陰爲坤。

陸註：「六五按：此處六五非指卦爻，勿誤會，三十日也，陽盡陰純，於卦象坤。承者，坤承艮後也即坤☷卦繼在艮☶卦之後也。此時火功已罷，神氣歸根，寂然不動。少焉則晦去朔來在人體則靜極而動，復生庚月在人體則藥苗又萌，虛室生白，又爲藥火更始之端。故曰：『結括終始。』以三畫論，則坤下孕震；以六畫論，則坤下孕復。」

「積陰之下，純醞養諸陽，爲眾子之母。蓋陽不生於陽，而生於陰，古人稱十月爲陽月，亦取此義者。」蒲團子按：「積陰之下」諸語，見知幾子參同契集註。

類者，萬類，即萬物也。類母，即萬物之母也。知幾子謂：「同類眾生之母也。」

爻應乾之上九。乾爲龍亢易曰：「亢龍有悔，盈不可久也。」又曰：「亢龍有悔，窮之災也。」又曰：「亢之爲言也，知進而不知退，知存而不知亡，知得而不知喪。」蓋謂陽太過而無陰以制之也，坤爲龍戰易曰：「龍戰於野，其道窮也。」又曰：「龍戰於野，其血玄黃。」又曰：「陰凝於陽，必戰，爲其嫌於無陽也。」夫坤爲純陰，乾爲純陽，然純陰無陽則爲孤陰，孤陰不生，純陽無陰則爲亢陽，亢陽不長，故必乾坤相合，方足爲純。今坤爲龍戰者，即陰承陽也。內經云：「亢則害，承乃制。」今非亢矣，故上九亢龍，必須戰德於野，陰陽相敵，有戰象焉。太陰太陽，於斯合璧，其諸均敵者乎？均敵者，取和之象也。」

用九翩翩，爲道規矩。陽數已訖，訖則復起。推情合性，轉而相與。循環璇璣，升降上下。周流六爻，難以察覩。故無常位，爲易宗祖。

用九者，用乾卦之全爻也。又，九者，陽數也，乾爲陽，故稱九焉。用九者，即用陽之道也。翩翩者，從容不迫，優游閒暇，進退自如，從心所欲。頂批　翩翩，鳥飛貌。

我能用陽而不爲陽所用，我能用九而不爲九所用，如此故能爲道的規矩。蓋權操於己，可圓可方，方圓無礙，則飛藏潛躍，可以待時而動矣。頂批　有心則助，失念則忘，綿綿若存，順其自然。「但至誠，法自然」，「自然之道静，故天地萬物生。天地之道浸，故陰陽勝。陰陽相推而變化順」，「真火無候，大藥無斤」，「不刻時中分子午，無爻卦裏別乾坤」。

易曰：「乾元用九，天下治也。」修丹之士，約天下於一身，則一身治矣。陽數已訖，訖者終也。終則陰復起而承之。陰進陽退，陰極則陽復進。故推彼之金情，以合我之木性陸註：「即以炁合神，以神馭炁，以成其歲功而已。」，轉輾而相與循環。上據璇璣即渾天儀，我國古代用以測天文之儀器。尚書有「璇璣，玉衡，以齊七政」，同斗樞之升降；中參易數，符卦爻之動静。上下周流，前後往返，視之不見，一炁流通，聽之弗聞，一靈恍惚，至剛至大，至微至幽，玄冥莫測，神妙難名。其將若之何察覩之乎？故易曰：「大哉乾元！」豈非其以無有常位而爲易之宗祖乎？

卦律火符章第二十九

朔旦爲復，陽氣始通。出入無疾，立表微剛。黃鐘建子，兆乃滋彰。播施柔煖，烝黎或作「黎蒸」**得常。**

朔爲一月之始，旦爲一日之始，而此章以一年十二月之律卦序之，則復爲十二律卦之始，故日月之朔旦，正合十二律中之復卦。

朔旦爲復䷗，則陽氣始通，蓋陰極生陽也。在人身則爲静極而動，陽氣雖通而尚微，故運火之時，務宜出入無疾出入無疾，言和平也，即從容不迫之貌。故易曰：「出入無疾，朋來無咎。」若疾，則朋來有咎矣。陸西星云：「呼吸出入乃用火之橐籥也，疾則火燥，散則火冷，煖則火調，自然之理也。」**頂批** 陸又云：「出入者，呼吸之義，乃乾坤闔闢，日月運行之象（此乾坤、日月均指人身言）。黃庭經云：『出日入月呼吸存。』今夫一陽來復之時，含光默默，真息綿綿，出入以踵，則一身之中一萬三千五百氣息，三百六十骨節，八萬四千毛竅，得此柔煖播施，自然融和順適，而得其常道矣。」，立表以測其微剛剛者，陽也；微剛，即微陽也。上陽子則曰：「立表微剛，乾動而直也。」立表者，即立現也。

黃鐘之氣建子者，以十一月斗杓建子，律始於黃鐘也。陸註：「鐘者，踵也，又種也。言中黃之氣，踵踵而生，以種萬物。」兆者，衆也，在天地則生機之發現，在人身則代表生炁之始萌，而今科學家所謂原子、電子也； 滋彰者，滋化而彰布、由微而至著也。

播施柔煖者，象一陽生後有柔和之煖氣，然後衆庶按：蒸黎即衆庶也乃得安然而不失其常。 至於修丹之士，若感覺鼎中生氣已萌，則接觸之時，自有柔煖之氣播施於營衛上陽子曰：「出入相通，行煉己功，柔煖播施，微溫直透。」，而遍體得以常溫矣。

烝黎者，精氣也。 丹法以身爲國，以精氣爲民。

又李註：「一陽始生之頃，乾坤一合，乾宮一點陰火精光，射入坤腹，即是『朔旦爲復，陽氣始通』。 煉士下手追攝，不疾不徐，自然出坎無滯，入離無礙，何疾之有？此時陽氣始生，藥苗正新，有氣無質，有象無形，故謂之微。」

又上陽子註：「陽伏於五陰之下，先復而後能伏也。 卦辭曰『出入無疾』，言陽之始氣，出入往來，大小無傷也； 曰『朋來無咎』，言得同類之朋，有益無損也； 曰『反覆其道』，丹道用逆，顛倒而行也； 曰『七日來復』，得藥大醉，七日復蘇也； 曰『利有攸往』，逐月陽生，皆可往取也。」

臨爐施條，開路生光。 光耀漸進，日以益長。 丑之大呂，結正低昂。

在易卦，地澤爲臨䷒，由復卦一陽進爲二陽矣，故文有「光耀漸進」之說。而此文之「臨爐施條」者，「臨」字乃是雙關。上陽子云：「臨馭丹爐，施條接意，開闢道路，不僭不狂，分彩和光，愈低愈下。」知幾子註：「北方爐用煤火，以鐵爲通條，插入爐口，下穿灰土，火氣方得上升。此『臨爐施條，開路生光』之象也。若煉士臨爐，其施條而開路者，可以意會矣。」蓋陽氣之道路既以開通，而生光明。光明者，陽也。由復之一陽進而爲臨之二陽，故曰「光耀漸進」。合乎時日，則圭影益長。其月建丑，爲十二月，在律則爲大呂。或曰：呂者，侶也，其象爲○-○，又曰助也，太陽得侶相助以進也。

結正低昂者，互相交結按：第四十章有「觀夫雄雌，交媾之時，剛柔相結，而不可解」，此即「結」之意也。頂批 「結」，參看四十章「剛柔相結，而不可解」，以正其低昂之位。低昂者，柔上而剛下，子南而午北，即顛倒是也。又低昂者，謂處低下而昂然直豎也。

仰以成泰，剛柔並隆頂批 隆者，注重也，亦平和也。**陰陽交接，小往大來。輻輳於寅，運而趨時。**

上文低昂之位既正，則乾卦仰乎下，坤卦覆乎上。二卦相合，本爲天地之否，今成地天之泰䷊。地上於天，天下於地，一剛乾卦三陽爲剛一柔坤卦三陰爲柔，並宜承重蓋隆即承重意。於是陰陽交接，此則小往，而彼却大來陶註：「陰陽之氣，兩相交接，小往則前行須短，大來則後行正長，乃汞迎鉛入之意。」**頂批**　小往大來，即凝神入彼氣穴，如車輻之來輳車轂。

今云「輳於寅」，寅，三陽也，三陽爲乾卦，是坤之輻來輳乾之轂也。又正月爲寅月，律逢太簇。簇者，湊也。言萬物至此，輻輳而生也。陸西星云：「乘此輻輳之時，是宜進火，與時偕行。」

運而趨時者，「河車不敢暫留停，運入崑崙峯頂」。仇云：「此指下峯。」**頂批**　運火而迎合其就近便處，運一點真汞以迎之。吾師云：「運火而迎合其時也。」**蒲團子按**　「吾師云」及引語，當係汪伯英先生鈔按。「吾師」即指陳攖寧先生，引語爲陳攖寧先生語。

漸歷大壯，俠列卯門。榆莢隨落，還歸本根。刑德相負，晝夜始分。

漸歷大壯☳，四陽二陰，斗杓建卯爲二月，律應夾鐘。陸註：「夾者，俠也。俠列卯門，則生門之中已含殺氣按：卯爲木，木屬青龍，有生發之氣。然生者死之根，故生門之中已含殺氣。生於彼者，必死於此；益其子者，必損其父，故二月榆落榆，大樹也；落，葉落也，葉歸本根。夫春主生物，而榆夾反落者，德中有刑故也。按：德中有刑，即陰符經之「恩中有害」。於時陰陽氣平，刑德**頂批**　刑德，即悟真之「恩害」也相負相負者，相平均也。」是故晝夜始分長短，正相平衡，蓋二月春分之時也。故作丹者，立爲卯酉沐浴之法。**頂批** 因漸到大壯，故宜沐浴。

按知幾子註：「卯酉沐浴，參同契所未言，其說始於悟真篇，自後諸家紛紜異同，約有三說：有以灌溉爲沐浴者，卯酉皆可行功，仙家指迷詩曰『沐浴之功不在他，全憑乳母養無差』，此說全與悟真相左；有以休息爲沐浴者，卯酉徑宜住火，龍眉子詩云『兔遇上元時便止，鷄逢七月半爲終』，此說與悟真亦不甚相符。據悟真詩云：『兔鷄之月及其時，到此金丹宜沐浴。』蓋謂卯月木氣太旺，故卯時暫宜停火；酉月金氣太盛，故酉時亦宜罷功。若非兔鷄之月，則十二時中，一遇爻動，便可抽添，何必拘於沐浴乎？故金丹四百字云：『火候不用時，冬至不在子，及其沐浴法，卯酉亦虛比。』此說正須善參。」又陶存存子火候歌云：「『憶我仙翁道法，總是吾家那著。原無子午抽添，豈有兔鷄刑德。問吾子在何時，答曰藥生時節。問吾午在何候，不過藥朝金闕。卯時的在何時，紅孩火雲洞列，若無救苦觀音，大藥必然迸裂，此即沐浴時辰，過此黃河舟楫。再問何爲酉門，即是任同督合，此時若没黃裳，藥物如何元吉。過此即爲庫戌，請問庫中消息；此是一貫心傳，至道不須他覓。』蓋藥臨玄門，丹經所謂『九重鐵鼓』、『三足金蟾』、『任督下合之鄉』、『子母分胎之路』，皆是此處。故以紅孩相火比之救苦觀音者，靜攝嚴密，則甘露垂珠也。愚嘗問師云：『入靜乃庫戌之事，此時何以云然？』師云：『此靜不是大靜，乃觀音之靜。若那靜，則如來之靜矣。鶴林真人云：「卯酉乃其出入門。」可見刑德臨門，不過臨玄之門、臨牝之門也，在識其竅妙而已。』」又呂祖沐浴詩云：「卯酉門中二八時，赤龍時醮玉清池；雲薄薄，雨微微，看取嬌容露雪肌。」又伍冲虛論沐浴法，亦宜參考。蒲團子按 原寫本知幾子、存存子註文未抄完全，根據香港心一堂出版社出版之拙編參悟集註補入。

夬陰以退，陽升而前。洗濯羽翮，振索宿塵。

澤天爲夬䷪，夬卦則陰氣漸以退位五陽一陰，於卦爲夬。夬云決也，猶祛也。以五陽祛一陰，陰無以自存矣，陽氣升騰而前矣。其象如大鵬之洗濯頂批 洗濯，即洗心濯慮意其羽翮陸註：「三月姑洗司律。洗者，洗也，有「洗濯」之意焉。」又「洗濯謂沐浴，象丹士之洗心濯慮也」，而振索陸註：「三月斗杓建辰。辰者，振也，有『振索宿塵』之義焉。」仇云：「振索，猶云擺落。」其宿塵謂羽翮上宿有之灰塵也。以比丹士陽氣充足，升騰將至乎頂，快達純陽之位，而所有身中塵濁之陰邪，及舊染之污垢，可以一概驅除消滅矣。又存存子曰：「丹經沐浴，一陰宿垢，振索立盡，喻身中陽火既盛，大鵬將徙天池，勢當奮發也。」又悟元子曰：「此節指剛氣旺盛，陰氣微弱，從此可以洗濯一身積習之舊染，抖去人心平生之宿塵，振羽翮而一往直前矣。」又曰：「振者，振發道心之剛氣也；索者，索求人心之穢污也。」。

乾健盛明，廣被四隣。陽終於巳，中一作「終」**而相干。**

乾卦䷀六爻皆陽，其象至健健，剛健也，光耀盛明，能廣被於四隣。陸云：「陽火盛明，一身之中，圓滿周匝，故曰『廣被四隣』。」仇云：「四隣，指同類之人，亦取仲侶爲侶也。」彭註：「四月斗杓建巳，律應仲呂。」然陽終於巳月，巳過則午，陽極即陰，巳午之間，陽陰之界，謂之天中。中而相干者，謂至天中之時，則陽終而陰相干也。修丹之士，陽火退而陰符進，亦同此理。

姤始紀緒，履霜最先。井底寒泉，午爲一作「主」**蕤賓。賓服於陰，陰爲主人。**

天風爲姤䷫。夫陽氣既已盛極，不能再盛，則姤卦一陰始紀其緒，實爲履霜之最先。易曰：「履霜，堅冰至。」蓋既履霜，則必至於堅冰。此時序之自然，無可更改者。然履霜之最先，實爲一陰之姤卦。若無姤卦紀緒，則陽極無陰，安有履霜之時？而當此之時，井底之泉水已寒。蓋五陽在上，而一陰在下若論鼎中，則此時亦外陽而內陰，陽火退而陰符進矣。又悟元子曰：「陰符之陰，非外客氣之陰，乃陽氣收斂退出之真陰。這邊真陽退，那邊真陰生，真陰生而假陰自消自化。若陽不退，真陰不現，陽極必陰，一陰潛生，客氣又來，得而復失，大事去矣。故陽剛進至於純，陰符所必用。」**頂批** 進陽火，則退陰符；進陰符，則退陽火。。其時爲午月即五月，蕤賓司律。

賓者，客也。「賓服於陰，陰爲主人」者，謂陽氣退而爲客，及賓服於陰，而使陰爲主人也。以丹道而論，則悟真篇曰「饒他爲主我爲賓」。此語雖其作用之時間不同，而其賓主之取義無異。

遯世去位，收斂其精。懷德俟時，棲遲昧冥。

天山爲遯卦☶☰，二陰進矣，斗杓建未，時爲六月，律應林鐘。夫遯者，遁也。喻君子見小人過長，遂避塵遯世，辭職退位，作明哲保身之舉。比修道之人，以陰符進至二分，陽火自宜退守。陰進陽退，收斂其精神，深藏乎密處，懷至德以俟明時，棲幽境而遊昧冥。若以時而論，則爲六月，亦是陰將進而陽將退、寒欲來而暑欲往之候。寒欲來者，陰氣逐也；暑欲往者，陽內斂也。蓋天時、人事，世出、世間，丹道、易道，皆不能外此自然之陰陽也。是以古昔聖哲，要與天地合德，與日月合明，與四時合序，與鬼神鬼神，即代表幽明，代表陰陽也合吉凶者，職此故也。

否塞不通，萌者不生。陰信音「伸」**陽詘**同「屈」**，没陽**一作「毀傷」**姓名。**

彭註：「三陰三陽，於卦爲否☷☰，斗杓建申，律應夷則。」陸註：「乾上坤下，二氣相隔，否塞不通之象也。萬物至此，不生萌蘗。七月建申，申者陰之伸也。陰伸則陽屈，律應夷則。夷者，傷也。陽屈則没其姓名。」

觀其權量，察仲秋情。任蓄微稚，老枯復榮。薺麥芽蘗，因冒以生。

四陰二陽，風上地下，於卦爲觀☴☷，斗杓建酉，律應南呂。

陸註：「觀者，觀也。觀其權量，以察仲秋八月之情，陰陽之氣至此又平在節令爲秋分，日晷亦晝夜相平均。八月南呂司令，南者，任也，萬物至此有妊娠之義焉謂陽氣隱藏於內，如婦人之懷胎也。任蓄微稚謂如蓄養微嫩幼稚之生氣，則雖已年老，然保護丹體，則要如保赤子之狀，則老枯得已復榮有返老還童之象。觀夫薺麥芽蘗，可見刑中有德刑中有德，有害中有恩也。」

按：卯酉二門，在人身爲生死關頭（其實即玄牝之門也），可生可死，可死可生。愚者則以生爲死，達者則反死爲生，不過一轉念之間耳。故凡能生我者，即能死我；亦惟能死我，便能生我。生者死根，死者生根，生死之間，其惟智者能神而明之耳。

又李註：「觀者，有省方觀民之義民爲精氣，丹道以精氣爲民；權者，權爻銖之斤量；察者，察藥材之老嫩；秋殺之時，而薺麥芽蘗，即『轉殺爲生，老枯復榮』之象。」

仇註：「王者省方所至，則審律度量衡；八月金精壯盛，故察仲秋之情；任蓄，謂倚任而蓄養之，藉此少稚以濟老枯，猶言『枯楊生稊，老夫得其女妻』；冐生者

頂批 冐者，受也，因蒙秋氣，而薺麥發生也。細玩本文，初無沐浴停火之說。淮南子云：『麥秋生而夏死，薺冬生而仲夏死。』麥，金王而生，火王而死；薺，水王而生，土王而死。」

剥爛支體，消滅其形。化氣既竭，亡失至一作「其」**神。**

五陰一陽，於卦爲剥☶，斗杓建戌，律應亡射。

陸註：「五陰剥一陽，陽氣受剥，枝頭之果熟爛而墮，形體消滅，造化之氣於此竭窮。且時當九月，火庫歸戌，物皆内斂不露精，亡失至神。或曰『失』當作『佚』，『亡佚』即『亡射』也。」**蒲團子按** 此處所引「陸註」文字，見知幾子參同契集註，係據陸西星參同契測疏、參同契口義及陶素耜參同契脈望而來，非純粹陸西星語。

仇註：「凡物形毁則神離，故煉士須神馭氣而氣留形。」

易傳：「剥，爛也。」

道窮則返，歸乎坤元，恒順地理，承天布宣。玄幽遠渺，隔閡相連。應度

育種，陰陽之原。寥廓恍惚，莫知其端。先迷失軌，後爲主君。

陽道既已窮盡，則返而歸乎純陰無陽☷之坤元坤爲純陰之卦☷，六爻皆偶。元者，謂一炁混元，上下、左右、前後皆屬乎陰之時也。故易曰：「至哉坤元。」。於是恒順大地至静之理恒，常也。易曰「坤爲地」，又曰「坤至静而德方」，寂然不動，以俟天機之至即感而遂通、静極生動之際，易道謂之「一陽來復」，又曰「天地之心」，蓋亥子之交，即天入地中，地炁將上於天之時也，乃即承之，而敷布宣化，使陽氣又復流暢。惟此天地之機、陰陽之氣，雖云變化不測，玄幽而遠渺，然而隔閡閡，丹礙。頂批「閡」字有用意相連即相通意，而能應度育種度，度數也，即時刻之意。應度育種，謂應其時刻而生育種子，存存又謂「取十月斗杓建亥，律應應鐘」之義，又曰「鐘者，種也」，實爲陰陽之本原。道德經云：「天地萬物生於有，有生於無。」有者，陰陽之象也；無者，陰陽之原也。坤爲至陰，實無象可見，惟能資生萬物。萬物不出乎陰陽，故曰「陰陽之原」。惟其寥廓恍惚，莫知其端倪，是以至於先迷而失其軌。然能謹候其時，知白守黑，則神明自來復，又後爲主君矣。主君者，指陰中之陽，即震卦、復卦之類，丹道所謂「先天一炁」、杳冥恍惚中之「真種子」也。

無平不陂，道之自然。變易更盛，消息相因。終坤始復，如循連環。帝王乘御，千載常存。

有平則有陂陂者，陷也，即不平也。仇云：「地卑，蓄以爲陂。」，無平則不陂蓋平與陂相對待者，有平則有不平，無平則亦無不平矣。易曰：「無平不陂，無往不復。」，此道之自然變化，易更爲盛衰。**頂批**　交易，陰陽相交；變易，陰陽相變；不易，不動也。一消一息，一去一來，相因互換，故在易道則終於坤陰即始於復陽，如循連環，川流不息。帝王若能乘御此炁，即同此炁之終則復始，循環往復，川流不息，無有窮期，而千載常存矣。

按陸註云：「此總結上文，提出『自然』二字，以見造化消息相因之妙，乃無心而成化者。易曰『無平不陂，無往不復』，此天道之自然也。丹家觀天運之變易盛衰，而知消息之相因，按卦之終坤始復，而識火候之循環。能法此以乘時御天，則立命在我，可以千載常存矣。」又上陽子註：「『帝王乘御，千載常存』者，黃帝煉九還大丹，丹成之後，乘龍上升也。」**蒲團子按**　所引陸註見於參同契集註，與陸西星註本畧異。

性命根宗章第三十

將欲養性，延命却期。審思後末，當慮其先。人所秉軀，體本一無。元精流布，因炁託初。

吾人將欲修養其性，延長其命，而却退其死期者，則細思其後末即將來之事也，當窮究其始先。窮究，即慮也。思後末者，即欲却死也。欲却死，則必須窮取生身受炁之初以修性命，然後可以不死。孔子云：「原始反終，是故知死生之說。」。始先何如？則人所秉之軀體，本來是一是無。一者何？先天一炁，太極也。無者何？無名天地之始，無極也，無極即道。無極生太極，即道生一。一者既生，於是乎元精流布，即因此一炁而託初矣。師云：「託初者，即託初生之種子。」蒲團子按「師云」及引語，當係汪伯英先生鈔按。「師」即指陳攖寧先生，引語爲陳攖寧先生語。

陰陽爲度，魂魄所居。陽神日魂，陰神月魄。魂之與魄，互爲室宅。

道德經云：「道生一，一生二。」道生一，即無極生太極；一生二，即太極生兩儀。兩儀，即陰陽也。夫一炁不可見，是謂先天；由一炁而生陰陽，乃有性命、神氣、魂魄、水火、木金之分，是謂後天。後天者，以陰陽爲度，乃魂魄之所居。以一身而論，則肝藏魂、肺藏魄；以離坎而論，則離藏魂、坎藏魄。

離爲日，日爲陽，故曰「陽神日魂」；坎爲月，月爲陰，故曰「陰神月魄」。然日魂陽中含陰，月魄陰中含陽，因此魂魄可以相通，彼此可以互御。魂能御魄，魄可鈐魂。魂御魄者，即魂入魄裏，以陽化陰也；魄鈐魂者，即魄來魂中，以陰和陽也。魂入魄，則魄爲魂之室；魄入魂，則魂爲魄之宅。故曰：「魂之與魄，互爲室宅。」

潛虛云：「所謂託初之炁者，乃先天之物，有氣無質，魂之謂也；所秉之軀者，乃後天之物，有氣有質，魄之謂也。魂即人之陽神也，魄即人之陰神也。陽神日魂，陰神月魄，此日魂常居月魄之中，故月借日則明，魄附魂則靈，而魂之與魄，互爲室宅也。」又集註：「陰陽二度，直指男女二體，故以陽神陰神分配日魂月魄。若就一身言，則魂爲氣之靈，魄爲精之靈，另是一義矣。」

性主處内，立置鄞鄂。情主營外，築完城廓。城廓完全，人物乃安。於斯之時，情合乾坤。

「性主處內，立置鄞鄂」者，謂煉己養性之功也。「鄞鄂」解已見前。

「情主營外，築完城廓」者，築基保命之功也。情者，金情也。以金情來歸木性也。夫性在內，故云「處內」；情在外，故云「營外」。

「城廓完全，人物乃安」者，即築基之功已畢也。

按：悟真篇云「先且觀天明五賊」，即「性主處內，立置鄞鄂」也；「次須察地以安民」，即「情主營外，築完城廓」也；「民安國富方求戰」，即「城廓完全，人物乃安」也。

於斯之時，情合乾坤也。蓋情合乾坤者，即採大藥之時也。夫此情非尋常之情，非普通之情，乃天地間陰陽兩性中之至情也。一得此情，則還丹結矣。丹入身中，則戰罷而見聖人矣。聖人者，喻丹也。

乾動而直，炁布精流。坤靜而翕，爲道舍廬。剛施而退，柔化以滋。九還七返，八歸六居。

易曰：「夫乾，其靜也專，其動也直；坤，其靜也翕，其動也闢。」乾動而直，則「炁布精流」矣；坤靜而翕，則「爲道舍廬」矣。夫炁布精流，即汞往求鉛也，所謂「運一點真汞以往迎」也；　爲道舍廬，謂坤靜暫爲乾道之舍廬。及乎剛施而退，即柔化以滋，鉛氣滿爐，源源大來。

夫乾爲剛、爲陽、爲小，坤爲柔、爲陰、爲大，乾之汞精，流布往坤，坤之柔化，即來滋乾，即前文所謂「剛柔交接」、「陽往陰來」、「小往大來」也。

九還者，金還也；　七返者，火返也；　八歸六居者，木與水皆歸舍而居也。集註：「河圖之數，天一生水，而地六成之；　地二生火，而天七成之；　天三生木，而地八成之；　地四生金，而天九成之。專言九七八六者，合丹以後，取其成數。如金來伐木，是九與八合；　水能滅火，是六與七合也。」又，此節諸家多以「順則生人」解之，但對於九還七返、八歸六居等文義，似乎不順。

男白女赤，金火相拘。則水定火，五行之初。上善若水，清而無瑕。道之形象，真乙難圖。變而分布，各自獨居。

以人道而論，則男之天癸白，女之天癸赤；　以丹道而論，則男白爲坎中之水金，女赤爲離中之木火。水金爲嬰兒，故稱「男白」；　木火是奼女，故云「女赤」。水金與木火相拘，則以水金來定木火。蓋以五行之最初，則天一生水。

天一爲先天，含至善之汞，絕無混濁之渣質，故云「上善若水，清而無瑕」，即悟真所謂「華池神水」也。其實此五行之初之水，即是道也。

道之形象，至真至一，如赤水之玄珠，難以智慮尋圖。及其變而分布，則一陰一陽，又各自獨居矣。陸西星則云：「一變水居北，二化火居南，三生木居東，四化金居西，不相涉入，故云『各自獨居』。」但集註不然此說。集註：「初出之水，質清而氣純，故稱之爲上善，亦可名爲道樞，實則先天真一之炁耳。夫道無形象，何從窺其真一？曰：水中之金，外無形象而內有氣機。道德經曰：『杳杳冥冥，其中有精，其精甚真，其中有信。』苟能至誠以待之，專密以伺之，自可探應星、應潮之初候，而採白虎首經之至寶矣。」

類如鷄子，黑白相扶。縱廣一寸，以爲始初。四肢五藏，筋骨乃俱。彌歷十月，脱出其胞。骨弱可卷，肉滑若飴。

其和合爲一也，則類如鷄子，黑白相扶，縱廣不過一寸，以爲始初之象。及其繼也，則四肢而五藏筋骨亦完俱。

彌者，滿也；歷者，至也。滿至十月，乃脱出其胞，肉滑若飴飴，飴糖也，形容其綿軟也，胎仙已成矣。

或云：凡胎爲肉體，仙胎爲炁體，凡夫有形，仙軀無質，今何以亦有四肢、五藏、筋骨等類乎？曰：不過異於凡夫耳，並非没有筋骨藏府也。故仙家只言脱胎換骨。脱者，脱凡胎結聖胎；換者，換俗骨爲仙骨。翠虛篇云：「透體金光骨髓香，金筋玉骨盡純陽。」雖然順則成人，逆則成仙，其分别不過在清濁之間，若其形象，則初無二致也。故本文所言聖胎，若與凡胎相似。

二氣感化章第三十一

陽燧以取火，非日不生光。方諸非星月，安能得水漿？二氣至懸遠，感化尚相通。何况近存身，切在於心胸。陰陽配日月，水火爲效徵。

陽燧銅做之鏡，只能照一面，因其不是透明體，今則用火鏡代之矣取火，非當日而照，不能生光；方諸前人說是陰燧，但唐時試用不靈，故今說是大蛤若無星月，安能得有水泉？夫陽燧與日、方諸與月，兩種氣可謂玄遠矣，然而感化尚能相通，何况近存於身指坎，切在於心指離胸乎？故以離中之陰配日、坎中之陽配月，日月顛倒，即水在上，火在下，水火既濟，則可以推度效符徵矣。**頂批** 或云：「水火爲效徵者，是以水火既濟爲證據也。」亦通。

關鍵三寶章第三十二

耳目口三寶，閉一作「固」塞勿發通。真人潛深淵，浮游守規中。旋曲以視聽，開闔皆合同。爲己之樞轄，動静不竭窮。

耳目口爲外三寶，精神氣爲內三寶，外三寶能閉塞勿發通，則內三寶自固濟不滲漏。於是真人潛乎深淵真人，元神正念也；深淵，即氣穴，又謂元海，然無論是陰陽、清浄，均是指坎宮而言，浮游即優游之意，謂自然也守其規中。按：「規中」二字，或謂坎宮，或謂離宮，或謂中丹田，或謂下丹田。其實所謂「規中」，乃規圓之中道，即玄關也。玄關宜活用，則規中亦宜活用，不當指定一處。總之，規中、玄關，皆是隨至妙之處，而不能執著死守，故曰「浮游守規中」。頂批 三丰真人云：「黃庭一路皆玄關。」

旋曲者，盤旋屈曲，象真人在內，似游龍也；以視聽者，收視返聽，即用元神正念回光默照也。

開闔皆合同者，仇云「呼吸綿綿，其一開一闔，嘗與真人合同而居也」，蓋即謂神氣相戀之狀也。

爲己即修丹之人也之樞轄樞爲樞紐，轄爲管轄，總而言之，爲能管束之物者，謂坎中之氣，能管束離己之汞也。

動静不竭窮者，謂一動一静，坎中之氣，綿綿密密，無有枯竭窮盡之時也。此即是指做得好時，則先天一炁由虛無中來。虛中之先天炁，則取之無盡，用之不竭，任君要取多少，只要取得其法耳。

離炁納營衛，坎乃不用聰。兑合不以談，希言順鴻濛。三者既關鍵，緩體處空房。委志歸虛無，無念以爲常。

離炁納營衛者，知幾子云：「離主目光言按：離炁，即目光，即經言『內照形軀』。營衛者，周身之血氣，醫書謂『營主血，衛主氣』，又云『營行脈中，衛行脈外』。」不用聰者，即不用聽於外，而返聽於內也。

兑者，口也與前文「閉塞其兑」稍異。前文之「兑」，乃廣義的口；此處之「兑」，乃狹義的口；合不以談者，即閉口不談也，故又云「希言順鴻濛」順鴻濛者，順元氣自然之升降也。目也，耳也，口也，三者既已皆用關鍵閉住，則使和緩之體，處於空房之中，而委其志以歸於虛無之境，絕無一毫念慮，以此爲恒常之功作。

此節爲得藥後之事，即太上所謂「長生久視」之功，道書所謂抱元守一、三年九載面壁之功夫也。

證驗自推移，心專不縱橫。寢寐神相抱，覺寤候存亡。顏色浸以潤，骨節益堅强。排却眾陰邪，然後立正陽。

從此之後，則證驗自步步推移，心專志一，不得有縱橫雜亂之念。頂批　陸註：「不縱橫，心無出入馳騖也。」寢寐則神氣相抱，覺寤則候其存亡。頂批　寤寐神相抱，即行時、臥時神氣皆要合一也。常常如此，自然顏色浸以潤澤，骨節日益堅强，排却眾陰之邪頂批　眾陰邪，即身中一切病痛等，乃立正陽之體。

修之不輟休，庶氣雲雨行。淫淫若春澤，液液象解冰。從頭流達足，究竟復上升。往來洞無極，拂拂一作「沸」，一作「佛」**被容**一作「谷」**中。**

陸註：「此證驗之見於內者。蓋得藥之後，丹降中宮，於時眾氣即庶氣也，蓋庶即眾也，如眾庶、庶民之類自歸，河車自轉。蒸蒸然，如山雲之騰於太空；霏霏然，如春雨之遍於原野；淫淫然，如春水之滿四澤；液液然，如河冰之將欲解。往來上下，洞達無窮，百脈冲融，和氣充足，滿懷都是春，而狀如微醉也。此非親造實詣，難以語此。」

李註：「陰邪排盡，周身脈絡無一不通，五藏六府之氣盡化爲金液，前降後升，一身流轉，再無窮極。神光瑞氣，鬱鬱濃濃，披於空谷而不散。」蓋「容」作「谷」也，谷中爲谷神之所，亦通。

反者道之驗，弱者德之柄。芸鋤宿污穢，細微得調暢。濁者清之路，昏久則昭明。

集註謂：「道德經云『反者道之動』，謂一陽來復，乃道之動機；又云『弱者道之用』，謂懦弱不争，乃道之妙用。此以反爲道之驗者，真氣返還，自有效驗也；以弱爲德之柄者，弱入强出，操柄在我也。反乃得藥之功，弱乃臨爐之法。老聖又言『專氣致柔』、『知雄守雌』，此皆所謂『弱』也。芸鋤宿穢，言排陰之功；細微調暢，言陽立之效。」

陸云：「至此則真氣充裕，百脈歸源，如所謂『氣索命將絶，體死亡魄魂』者。故昏昏默默，莫知其然，久之則神氣自清明，無更慮其昏濁矣。經又云『孰能濁以静之徐清，眾人昭昭，我獨若昏』，意亦若此。」陸又云：「『道德』二字，要有分別。無爲者曰道，有爲者曰德；自然者曰道，反還者曰德。」

陶註：「如醉如癡，有似乎昏濁者。然濁而徐清，昏而復明，如大死方活也。」

旁門無功章第三十三

世人好小術，不審道淺深。棄正從邪徑，欲速閼不通。猶盲不任杖，聾者聽宮商。没水捕鷄兔，登山索魚龍。植麥欲獲黍，運規以求方。竭力勞精神，終年不見功。欲知服食法，事約而不繁。

此章無甚深旨。

珠華倡和章第三十四

太陽流珠，常欲去人。卒得金華，轉而相因。化爲白液，凝而至堅。

太陽爲離，流珠爲離宮真汞因其流轉不定，如珠之走盤，故名流珠，其性好動，常欲離人而去，卒**頂批** 卒者，忽然也得金華之氣即坎宮之真鉛。陸潛虛曰：「金華者，金之精華，水中之金，號曰真鉛。」，轉而與真汞相因**頂批** 「因」，作「依」解相結真鉛一合真汞，即有恍惚杳冥、混混沌沌、如癡如醉之象。四百字云「真鉛制真汞」，即指此也，遂化而爲潔白之液陸謂：「白液象金，得金華相因而化，故爲白液。」，凝而爲至堅之丹。至堅者，謂堅而韌也，非堅而剛也。堅而韌，則能小大變化，忽有忽無，忽液忽凝。若堅而剛，則如石矣，頑而不能化，豈神仙之道哉？又「液」與「凝」，即前文「先液後凝」意。

金華先倡，有頃之間。解化爲水，馬齒闌干。陽乃往和，情性自然。

然當鉛汞相因之際，則須待金華先倡於爻動之頃，陽即往和，以迎其真一之炁。斯時渡於鵲橋，轉於崑山，解化爲水，乃有甘露之名；下於重樓，降於黃宮，結而成丹，則有馬齒闌干之象。**頂批** 承志錄云：「靈鉛凝併簇金華，乾脆敲來似馬牙。」

陸又曰：「古歌云：『好丹砂，白馬牙。』故色如馬齒，狀若闌干闌干，美珠名，即琅玕。蓋借外丹法象而言，非真有是物也。然而金華倡矣，陽乃和之。何謂之陽？乾也，男也。陽不主倡，而乃往和者，『饒他爲主我爲賓』也。一倡一和，則木性愛金，金情戀木，歡欣交通，自然感應，而丹道成矣。」

蒲團子按　原寫本「金華先倡」頂處有頂批一則曰「紅血輪，須養氣；白血輪，不須養氣」，與文義似無聯繫。又，「紅血輪」、「白血輪」或是「紅細胞」、「白細胞」之舊稱，又舊稱「紅血球」、「白血球」。

迫促時陰，拘畜禁門。慈母育養，孝子報恩。遂相啣嚥，咀嚼相吞。嚴父施令，教勑子孫。

陸註：「時陰，陰極之時。陰極則陽將復生，故當此之時，迫頂批　迫，逼迫之促頂批　促，催促之頂批　迫促靜中之生氣也，以感其炁。頂批　承「情性自然」句來。陰符經云：「自然之道靜。」靜，即陰也。及夫一陽來復，得藥歸鼎，則又拘之畜之於禁密之門頂批　禁門，大抵屬命門地位。拘畜禁門，即吸抵撮閉之意，所謂『環匝關閉，守禦固密』即此意也。」

慈母者，坤母也；育養者，坤母中坎宮之氣，能資生長養也；孝子者，震卦也震爲龍，屬於離方，觀下文「啣嚥相吞」句可見；報恩者，驅龍就虎，運汞迎鉛，慈母在外，孝子迎歸奉養，以報其恩也。

「遂相啣嚥，咀嚼相吞」者，形容子母相戀之情，即臨爐之際，神炁相交，如下文云「龍呼於虎，虎吸龍精」也。

嚴父者，乾父也；　施令者，發號施令也。謂全藉乾父執陽剛中正之道，一而不二，誠而無邪，方得發號施令，教勑龍子龍孫**頂批**　以元神運元氣，是嚴父教勑子孫，準時行潛藏飛躍之功也。

五行逆尅章第三十五

五行錯王，相據以生；火性銷金，金伐木榮。三五與一，天地至精；可以口訣，難以書傳。

五行者，水、木、火、土、金也；錯王者，相錯而旺也，如水旺後則木旺，木旺後則火旺，火旺後則土旺，土旺後則金旺，金旺後則又水旺；相據憑藉以生者，即水生木，木生火，火生土，土生金，此世間順行之常道也。今丹道逆用，則離火生木汞，往銷銷者，鎔也其坎中之金，金氣伐木，而不致太過，於是離家之木氣反得欣欣向榮矣。存存子曰：「五行各旺一方，相對則相尅，南火北水、東木西金是也；相依則相生，兑金生坎水，坎水生震木，震木生離火，離火生坤土是也。其在丹道以火煉鉛，是火性銷金，不知金中含水，火被水制，反化爲土，而金愈旺，不止不能傷金已也；以鉛制汞，是金伐木榮，不知木中含火，金受火制，反化爲水，而木愈榮，不但不能尅木已也。」**頂批** 此往則火性銷金，彼來則金伐木榮。

三五者，東三南二，一五也；北一西四，又一五也；中央戊己，亦自爲一五。三五共合於中央，而歸於一，謂之「三五與一」。此爲天地之至精，只能以口訣之，而不能以書顯然而傳也。

龍虎主客章第三十六

子當右轉，午乃東旋。卯酉界隔，主客二名。龍呼於虎，虎吸龍精。兩相飲食，俱相貪併。

陸註：「子當右轉，金公寄體於西隣；午乃東旋，離火藏鋒於卯木。契賦云：『青龍處房六兮，春華振東卯；白虎在昴七兮，秋芒兑西酉。』如此龍東虎西，界隔卯木龍酉金虎，分爲主客，則西者爲主，東者爲客。道德經云『吾不敢爲主而爲客』，悟真篇云『饒他爲主我爲賓』，足以相發明矣。」頂批子轉於西，虎向水生；午旋於東，龍從火出。

仇註：「右轉、東旋，就方位上取義，不在時辰上用功。所云主客，與常道不同。常道以卯爲主，丹道則以酉爲主。乘坎宫爻動，而離方與之交接，全以在彼者爲主也。若非時妄作，則陽驕陰佞而致凶矣。龍呼虎，即火往銷金；虎吸龍，即是金來伐木。」

「兩相飲食，俱相貪併」者，乃金木交合，子母相戀之象也。按：此處似含有人己兩利之意。

熒惑守西，太白經天。殺氣所臨，何有不傾。貍犬守鼠，鳥雀畏鸇。各得真性，何敢有聲。

熒惑，火星；　西者，金方。熒惑守西者，即火往銷金也。太白，金星；　經天者，白日之中，有星現於天上也。按：　白日星不可見，惟金星最明，故有時可見。金星現於天之何處，識天象者即知該處有兵革之事，故云「殺氣所臨，何有不傾」。

陸潛虛註：「金來伐木，則爲太白經天。凡殺氣所臨之處，則戰無不克，故以象之。」蓋謂汞既見鉛，自不敢飛。汞在乾方，故以象天；　鉛爲金，在坤方；　太白者，即金。故曰：「太白經天。」

貍犬守鼠，陸云「象汞之求鉛」；　鳥雀畏鸇，陸云「象鉛之伏汞」。鉛汞皆歸真土，是謂各得真性。真性者，靜而不動，相敬如賓，則安得有聲耶？仇註：「何敢有聲，所謂『禽之制在氣』也。」

不得其理章第三十七

不得其理，難以妄言。竭殫家產，妻子饑貧。自古及今，好者億人。訖不諧遇，希能有成。廣求名藥，與道乖殊。如審遭逢，睹其端緒。以類相況，揆物終始。

此章與二十一背道迷真章意同。

父母滋稟章第三十八

五行相剋，更爲父母。母含滋液，父主稟與。凝精流形，金石不朽。審專不泄，得成正道。

五行相生，爲順行世間法，則乾爲父、坤爲母。五行相剋，爲逆用之出世法，則坤爲父、乾爲母矣，故曰「更爲父母」。

夫世間法，則此主稟與，彼含滋液，則凝精流形，而結凡胎；出世法，則反復其道，雄裏懷雌，則金石不朽，而成聖胎。是故能審專不泄陸云：「審專，即至誠專密之意；不泄，即關鍵三寶之意。」 頂批 仇云：「審專者，至誠專一，候其藥符也；不泄者，蒂固根深，守其命寶也。」，則自得成夫正道。

藥物至靈章第三十九

立竿見影，呼谷傳響。豈不靈哉，天地至象。

夫此道如立竿見影，呼谷傳響，豈不靈且妙哉！　蓋天地之至象也。

若以野葛一寸，巴豆一兩，入喉輒僵，不得俯仰。當此之時，雖周文揲蓍，孔子占象，扁鵲操針，巫咸扣鼓，安能令蘇，復起馳走。

野葛一名水蔓艸、巴豆，皆毒藥；　周文、孔子，皆聖人；　扁鵲爲名醫，即秦越人，著難經者；　巫咸，神巫也，列子「鄭有神巫，自齊來，曰季咸，知人生死存亡、禍福壽夭」。**頂批**　神巫索咸。

此節蓋言人服毒藥，則必然致死，雖聖哲無法使之復生。　若服大藥，則必定長生，而造化亦不能使之死亡也。

天元配合章第四十

河上姹女，靈而最神。得火則飛，不見埃塵。鬼隱龍匿，莫知所存。將欲制之，黃芽爲根。

河者，坎象；姹女，爲離中汞。常道交感，離處坎上，故離汞稱爲河上。頂批 午分三河，河間、河内、河外。夫此坎上離汞，至靈而又最神，一得慾火之動，則飛而不見埃塵，如鬼之隱，如龍之匿，莫知其所存。若欲制之伏之，必用戊己真土黃芽以爲其根。陸潛虛云：「黃者，中黃之氣；芽者，爻動之萌。究其實，則真鉛而已。以此爲根，則情來歸性，而丹基於斯立矣。」真土黃芽，即真意。蓋即綿綿密密，混混沌沌，不以心感，而以氣感也。

物無陰陽，違天背元。牝鷄自卵，其雛不全。夫何故乎，配合未連。三五不交，剛柔離分。

故若物無陰陽，則違造化之天道，而背生物之元始，此牝鷄自卵之所以其雛不全也。夫何以故乎？蓋因配合未連，水、火、木、金、土，三五不相交，陽剛陰柔，彼此相離分故也。

施化之道，天地自然。猶火動炎上，水流潤下。非有師導，使其然也。資始統正，不可復改。

觀夫雄雌，交媾之時，剛柔相結，而不可解。得其節符，非有工巧以制御之。若男生而伏，女偃其軀，稟乎胞胎，受炁元初。非徒生時，著而見之；及其死也，亦復效之。此非父母，教令其然，本在交媾，定制始先。

是以施化之道，乃天地之自然，猶火動而炎上，水流而潤下，並非有老師指導使其如此，蓋其本性然也。故乾元則資始，坤陰則統正，不可復爲改變。頂批 統有統制的公式。

請觀雌雄交媾之時，剛柔相結而不可解，則自會得其節符，並非有良工巧象以制御之。是故男生而伏，女偃仰也其軀，乃稟乎胞胎之中，受元初之炁使然。且非徒生時著而見其如此，即其溺水而亡也，男浮必伏，女浮必仰，亦復效初生之時。此非父母教令其如此，其本在伏仰交媾受初時元炁之際，即定位置於始先矣。人道如此，丹道亦如此，不過一順一反耳，故後文云「自然之所爲兮，非有邪僞道」。

日月含吐章第四十一

坎男爲月，離女爲日。日以施德，月以舒光。月受日化，體不虧傷。陽失其契，陰侵其明。晦朔薄蝕，掩冒相傾。陽消其形，陰凌災生。

坎男爲月者，陰中有陽精也；　離女爲日者，陽中有陰精也。夫月，外陰而內陽，其體黑；　日，外陽而內陰，其體紅。日以施外象之陽德於月，月遂得以舒其光明而變其黑體。月受日德之化，而其體乃不虧傷，而有十五日之金精壯盛，光明圓滿。迷失日之外陽與月之內陽，失其契照，則金逢望後，陰侵其明。由下弦而至晦朔薄蝕（頂批：日蝕常在朔，月蝕常在望），則月爲日掩，日爲月冒，相傾相軋，月體之陽先盡消其形，陰氣凌而災害生矣。

按：　此章完全借日月交光以喻丹道也。蓋丹道，則坎上離下，月受日化，體不虧傷，而爲望；　常道，則離上坎下，陽失其契，掩冒相傾，而爲晦。又離德施於坎體，當其金精壯盛，蟾照西川，月受日化，體不虧傷之時，正宜進火採藥。若陽失其契，金逢望遠，藥度後天，渣質相乘，則不可復嘗矣。當此之時，屈折下降，陰符自然繼統矣。此又一解也。

男女相須，含吐以滋。雄雌錯雜，以類相求。金化爲水，水性周章。火化爲土，水不得行。男動外施，女靜內藏。溢度過節，爲女所拘。魄以鈐魂，不得淫奢。不寒不暑，進退合時。各得其和，俱吐證符。

男女相須即互相爲用之意，則含吐以滋矣；雄雌錯雜，則以類相求謂在同類中相求異性也矣。此皆陰陽兩性之交感也。不論丹道、世道，人類、物類，均如此。若講丹道，則火往銷金，金爲火鎔而化爲水。陸註：「金化爲水者，爻動之時，金初生水也」。但水性則周流楚詞：「聊遨遊以周章。」註云：「周章，猶周流也。」泛濫，横溢無極，故必火化爲土即以離家之真意攝之，使水不濫行，此爲己土，即「真土擒真鉛」也。又知幾子云：「真土擒真鉛者，採藥之時，離能取坎。而尚有真鉛制真汞者，則得藥之後，坎能填離也。」，使水不得行，而自爲我制。若男動而施精於外，女靜而藏氣於內，則每致溢度過節，而爲女所拘，戕其命寶，受害不淺矣。苟能用坎魄以鈐離魂，使金情來歸木性，不許邪淫驕奢，自然不寒不暑，進退合時，各得其和，而俱吐證符矣。陸云：「藥生曰符，藥成曰證，皆自和氣中來。」上陽註：「周章溢度，淫奢過節，則陰凌而災生。修丹者，必使一寒一暑，得進退之宜，則和合有時，火不熱而符不冷矣。」

四象歸土章第四十二

丹砂木精，得金乃併。金水合處，木火爲侶。四者混沌，列爲龍虎。龍陽數奇，虎陰數偶。

丹砂爲赤色，赤色屬火，木能生火，故爲木精。木與火，性皆屬陽而好動，惟得金之制，乃能相併。金水二者，皆合處於坎；木火爲侶，皆發生於離。金、水、木、火，四者混沌，而列爲龍虎。龍在五行爲木，木之生數三，故龍陽數奇；虎在五行爲金，金之生數四，故虎陰數偶。仇註：「『四者混沌』，契文兩見。前指乾坤坎離，取先天卦位之四正；此指金水木火，取後天卦位之四正。其實一也。蓋以乾坤爲鼎器，則烏兔乃藥材；以水火爲男女，則龍虎乃弦氣。讀者當善參會耳。」

肝青爲父，肺白爲母，腎黑爲子，心赤爲女，脾黃爲祖，子五行始。三物一家，都歸戊己。

肝屬木，象青龍，青龍屬乾，爲陽爲父；肺屬金，象白虎，白虎屬坤，爲陰爲母；

肝木能生心火，心色赤，象朱雀，屬離，離爲中女； 肺金能生腎水，腎色黑，象玄武，屬坎，坎爲中男，男即子也。肝肺心腎，皆歸於中央脾土，故脾黃爲祖黃者，中央脾土之色，載於醫書。然以先天五行論之，則天一生水，而子又爲五行之始矣。**頂批** 「四象五行全藉土，三元八卦豈離壬。」

三物者，即「木火」、「金水」、「戊己」也； 一家者，即都歸於戊己一家也。好古註：「木生火女，陽中之陰，是曰己土； 金生水子，陰中之陽，是曰戊土。金木二者，俱從土生，故土又爲水火之祖。此後天五行之相生者。」

陰陽反覆章第四十三

剛柔迭興，更歷分部一作「布」。**龍西虎東，建緯卯酉。刑德並會，相見歡喜。**

剛柔者，乾剛坤柔也；迭興者，陽往陰來、小往大來也。更歷分部者，即龍西虎東也。蓋龍本在東，今往西而建緯於酉；虎本在西，今來東而建緯於卯。卯酉者，二八之門也。若行世法，則似德而實刑；若用丹法，則似刑而實德。刑中有德，德中有刑，刑德並會，性情相見，剛柔和合，如夫妻相得而歡喜矣。悟元子曰：「龍性屬木爲德，居東卯陽位，建緯於西，是以性求情也；虎情屬金爲刑，居西酉陰位，建緯於卯者，是以情歸性也。」頂批

按：德與刑，當作生死解。行世法，則似生實死；用丹法，則似死實生。緯，織橫絲也。凡橫線皆謂之緯。

刑主殺伏，德主生起。二月榆落一作「死」，**魁臨於卯。八月麥生，天罡據酉。**

刑本主伏與殺伏、殺，皆靜而不動之象，德本主生與起生與起，則動而非靜也。

二月爲卯月，生之月也。而榆莢反落者，蓋河魁之凶星臨於卯位，搧動木氣太

旺，龍性難馴，遂致爲金所尅、爲虎所傷也。悟元子曰：「二月萬物生，榆莢反落。魁星辰時指卯，罡星辰時指酉，此生中有殺也。」

八月爲酉月，殺之月也。而薺麥反生者，蓋天罡之吉星據於酉位，當俟金氣先動，虎情來歸，自得木氣向榮，龍德正中矣。

上陽註：「世人但聞沐浴爲卯酉，豈能明刑德之故？德與生，即半時得藥之比；刑與殺，即頃刻喪失之喻。德中防刑，害生於恩也；刑中有德，害裏藏恩也。」

仇註：「卯酉沐浴，丹家皆云『卯酉兩月，停火不用』。據參同『刑德並會，相見歡喜』，此悟真篇『刑德臨門』所自來也。夫春和秋爽，正當温養之際，豈可云停爐息火乎？上陽子以半時得藥爲德生，頃刻喪失爲刑殺，其於卯酉沐浴之法，洞然明白，兼可知沐浴在時不在月也。」

子南午北，互爲綱紀。一九之數，終而復始。含元虛危，播精於子。

子，爲水，爲精，爲坎，爲鉛，本在於北；午，爲火，爲神，爲離，爲汞，本在於南。今則子南午北者，水火既濟，精神混一，坎離顛倒，鉛汞相投也。

互爲綱紀者，陸云「常道以陽爲綱，陰爲紀，今皆反之，故曰『互爲綱紀』」。又曰：「一九之數，水中金是也。水之生數爲一，金之成數爲九，惟此金水，互相含蓄，遍歷諸辰，循環卦節，莫非真炁之妙用。故一九之數，終而復始。其交會之際，則含元於虛危虛危，二宿名，在北方，在人身則陰極爲虛危穴，而播精於子矣。子者，亥子之間，貞元之會，時至機動，正在於此。」陶註：「虛危二宿，當子位之中。子時，一陽初動處也；含元，屬先天寂然不動、杳杳冥冥、太極未判之時，『日月合璧虛危度』是也；播精，屬後天感而遂通、恍恍惚惚、太極已判之時，『雪山一味好醍醐』是也。先天惟有一炁，後天始化爲真精，而雄陽播施，乃在於子。」

牝牡相須章第四十四

關關雎鳩，在河之洲。窈窕淑女，君子好逑。雄不獨處，雌不孤居。玄武龜蛇，蟠虬相扶。以明牝牡，意當相須。假使二女共室，顏色甚殊，蘇秦通言，張儀合媒，發辯利舌，奮舒美辭，推心調諧，合爲夫妻，弊髮腐齒，終不相知。若藥物非種，名類不同，分劑參差，失其綱紀。雖黃帝臨爐，太乙執火，八公擣煉，淮南調合，立宇崇壇，玉爲階陛，麟脯鳳腊，把籍長跪，禱祝神祇，請哀諸鬼，沐浴齋戒，妄有所冀。亦猶如膠補釜，以硇塗瘡，去冷加冰，除熱用湯，飛龜舞蛇，愈見乖張。

此章無甚深旨，不過明修道之必須藉同類陰陽耳。

繼往開來章四十五

惟昔聖賢，懷玄抱真。伏煉九鼎，化迹隱淪。含精養神，通德三元。精溢腠理，筋骨緻堅。衆邪辟除，正氣長存。累積長久，變形而仙。憂憫後生，好道之倫。隨傍風采，指畫古文。著爲圖籍，開示後昆。露見枝條，隱藏本根。託號諸名，覆冒衆文。學者得之，韞櫝終身。子繼父業，孫踵祖先。傳世迷惑，竟無見聞。遂使宦者不仕，農夫失耘，商人棄貨，志士家貧。吾甚傷之，定錄此文。字約易思，事省不煩。披列其條，核實可觀。分兩有數，因而相循。故爲亂辭，孔竅其門。智者審思，以意參焉。

此章亦無甚深旨，不必細究。

丹法全旨章第四十六

法象莫大乎天地兮，玄溝數萬里。河鼓臨星紀兮，人民俱驚駭。晷影妄前却兮，九年被凶咎。皇上覽視之兮，王者退自後「後」宜作「改」。關鍵有低昂兮，害炁一作「周天」遂奔走。江河無枯竭兮，水流注於海。天地之雌雄兮，徘徊子與午。寅申陰陽祖兮，出入終復始。循斗而招摇兮，執衡定元紀。升熬於甑山兮，炎火張於下。白虎唱導前兮，蒼龍和於後。朱雀翱翔戲兮，飛揚色五彩。遭遇羅網施兮，壓止不得舉。嗷嗷聲甚悲兮，嬰兒之慕母。顛倒就湯鑊兮，摧折傷毛羽。刻漏未過半兮，龍鱗甲鬣狎獵起。五色象炫耀兮，變化無常主。譎譎鼎沸馳兮，暴湧不休止。接連重疊累兮，犬牙相錯拒。形如仲冬冰兮，闌干吐鐘乳。崔巍以雜厠兮，交積相支拄。陰陽得其配兮，淡泊自相守。青龍處房六兮，春華振東卯。白虎在昴七兮，秋芒兑西酉。朱雀在張二兮，正陽離南午。三者俱來朝兮，家屬爲親侶。本之但二物兮，末乃爲三五。三五并危一兮，都集歸一所。治之如上科兮，日數亦取甫取甫，資始也。。先白而後黃兮，赤色通表裏。名曰第一鼎兮，食如大黍米。自然之所爲兮，非有邪僞道。若山澤氣蒸兮，興雲而爲雨。泥竭遂成塵兮，火滅化爲土。若蘖染爲黃兮，似藍成綠組。皮革煮爲膠兮，麯蘗化爲酒。同類易施功兮，非種難爲巧。惟斯之妙術兮，審諦不誑語。傳於億世後兮，昭然而可考。煥若星經漢兮，昺如水宗海。思之務令熟兮，反復視上下。千周燦彬彬兮，萬遍將可覩。神明或告人兮，心靈忽自悟。探端索其緒兮，必得其門户。天道無適莫兮，常傳與賢者。

法象即許多代名辭之至大者，莫如天地天地即是乾坤，乾坤即是男女。。玄溝，天河也，指坎方易經說卦傳云：「坎爲水，爲溝瀆。」玄武爲北方水神，坎卦位在北方，又爲水。水之色黑。玄，即黑色。故以玄溝比喻坎卦。又，「玄」字含有「幽深」之意，「溝」字則形容流通之狀；數萬里，形容其長也，指彼此往來之道路也。

河鼓爾雅云：「河鼓，謂牽牛。」古樂府云：「黃姑織女時相見。」蓋「黃姑」與「河鼓」音韻相同，遂混用之耳。天文志云：「河鼓三星在牽牛北。」據此，河鼓與牽牛原非一物，但此處宜從爾雅爲是，謂牛郎也，象乾卦。臨星紀按：星紀在各家註解，都說是天盤丑位，蓋即天盤十二個星次之一。爾雅云：「星紀斗牽牛也。」言其部位在斗宿與牽牛星之間。仇氏集註云：「『星紀』在王氏本作『天紀』。」天文志云：「織女三星在天紀東端。」歲時紀云：「天河之東有織女，天帝憐其獨處，許嫁河西牽牛郎，嫁後遂廢織紝。天帝怒，責令歸河東，使其一年一度相會。」據此，則天紀即是天河者，星紀謂天河。河鼓臨星紀者，謂牛郎與織女駕鵲橋而相會於天河也。**頂批** 按：世俗七月七日，牛女鵲橋相會。蓋七月七日暗寫二七之意。人民俱驚駭者，身爲國家，心爲君主，精氣爲人民。陰陽交感，則其中精氣不免激動，而現非常之狀態。俱者，指坎離兩方而言。

晷影者，即日影，指離卦而言。前却者，前爲進，却爲退；妄前却者，妄有所動作而進退，而進退不以矩、不合度也。離卦既妄有所動作，進退不肯以矩，則不免有洪水泛濫之災即木液飛揚，金精湮滅也，象堯之九年，被其凶咎蓋謂咎由自取。

當此之時，必用元神正念觀察覺照，以象皇上之覽視書云：「惟皇上帝，降衷於下民。」蓋皇上者，指道心也；妄動之人心，則當退後而改悔其以前之錯誤，以象王者之退自後王者，象人心也；「後」字，上陽本、闡幽本、集註本皆作「改」字，潛虛本、脈望本、發揮本、抱一本皆作「後」字。師云：「按文義，似用『改』字較優。」**蒲團子按** 「師云」及引語，當係汪伯英先生鈔按。「師」即指陳攖寧先生，引語爲陳攖寧先生語。

關鍵既正其低昂兮關者，要路口之門也；鍵者，關牡也，又名門牡，用直木爲之。雙關宜低而卑，鍵宜昂，前云「丑之大呂，結正低昂」，亦是此意。按：此處之「低昂」可作「俯仰」講，則一身之周天按：「周天」，又作「害炁」，又作「周炁」。俞琰參同契釋疑云：「『害炁』，舊本皆作『周炁』。朱子疑『周炁』二字無義理，遂改爲『害炁』，亦非是。『害』字與『周』字蓋相似，『炁』字與『天』字頗相近也。」今按：俞氏發揮、陶氏脈望、仇氏集註皆作「周天」，上陽本、潛虛本皆作「害炁」，然宜從「周天」二字爲是自然循環。

奔走江河即指河車運行之處之所以無枯竭者，因先天之氣水常流注於元海故也。

按：此則「江河」與「海」，皆當指離。又按：「江河無枯竭」之「無」字，上陽本、闡幽本作「之」字，諸本皆作「無」字。釋疑云：「舊本『無』作『之』，非是。」師云：「『之』字理較優，蓋謂江河指坎，而海指離，謂坎宮之所以枯竭者，因坎水流注於離海故也。然坎水流離，倘致枯竭，則非大小無傷矣。」故尚宜斟酌。又仇註：「江河無枯竭，常資神水以灌靈根，上自天漢而來，下從崑崙而入。」蒲團子按：「師云」及引語，當係汪伯英先生鈔按。「師」即指陳攖寧先生，引語爲陳攖寧先生語。

夫天本爲雄，地本爲雌，今天地之雌雄者，是以天爲雌，以地爲雄。反其道而行之，是丹道之逆行造化、顛倒陰陽也。徘徊者，不進不退、亦進亦退之象。子者，陰極一陽生也； 午者，陽極一陰生也。**頂批** 是人身上的時刻，不是鐘錶上的時刻。

寅申陰陽祖者，子水生於申，午火生於寅，故曰「陰陽祖」； 出入終復始者，子進陽火，午退陰符，徘徊出入，退而後進也。師云：「寅時之後四刻至卯時之前四刻，申時之後四刻至酉時之前四刻，方有出入之象，所謂『終復始』者，蓋出爲終而入復爲始也。後來丹經都說卯酉，不講寅申，只有龍眉子金丹印證詩云『兔遇上元時便止，鷄逢七月半爲終』，是以寅申爲用。蓋以由子到巳、由午訖亥，上下各六個時辰，當以寅卯申酉之交界時，最爲中心也，故不宜單提卯酉。」**蒲團子按**「師云」及引語，當係汪伯英先生鈔按。「師」即指陳攖寧先生，引語爲陳攖寧先生語。

然當此之時，宜循其斗柄，而招搖攝取，尤須執其平衡，以定其元紀。按集註云：「斗爲衆紀，故曰元紀。」又云：「招搖乃斗柄，比採藥之劍，取其能招攝也。斗柄起自衡星，有平衡之象焉，喻劍鋒之橫指也。臨時交接，凡淺深顛倒，前短後長，順去逆來，皆係此一衡，故執衡所以定丹法之綱紀。」又云：「北斗七星，自一樞、二璇，至三機、四權，爲斗魁；自五衡至六開、七瑤，爲斗杓，杓即招搖星。」又測疏云：「執衡招搖，執其杓而轉之也。」無根樹云：「運轉天罡斡斗杓。」又云：「槎影橫空須斗杓。」麗春院詞云：「半夜開丹竈，三更運斗杓。」金丹詩云：「逆回海水流天谷，側轉風帆運斗杓。」金液還丹破迷歌：「點開透地通天眼，斡轉天關斗逆行。」以上自無根樹下，皆在玄要篇中。

於是升熬熬，爲熬火之樞機，即「白虎爲熬樞」之「熬」於甑山甑山，離峯也之上兮，離家之炎火則張於其下；候白虎唱導於前兮即「金華先倡」意，蒼龍乃和之於後即「陽乃往和」之意；朱雀爲姹女，即汞火也則翺翔謂能飛也以戲兮，其飛揚之色具五彩。遭遇先天一炁之網羅來施功兮，遂壓汞性之飛陽，使不得伸舉；嗷嗷之聲似甚悲哀兮，好像嬰兒之慕母。蓋謂神氣相合，鉛汞相投，如子母相戀之狀。嗷嗷甚悲，乃形容其戀慕之情，非真有什麽聲音也。

顛倒以就離家之陽鑊兮，遂摧折以傷其毛羽。蓋汞爲鉛伏，不得復飛揚也。按：此以外丹喻人元也，即朱砂入鉛之時也。外丹書中有句云「朱雀炎空飛下來，摧折羽毛頭與脚，水銀從此不能飛」，即「摧折傷羽毛」之說也。

「刻漏未過半，龍鱗狎獵起」者，謂不到半個時辰也玄要篇大道歌云：「一個時辰分六候，只於二候金丹就。」呂祖敲爻歌云：「一時辰內金丹就，上朝金闕紫雲生。」，即如龍鱗之狎獵狎獵，重疊相接貌，紛紛而起。

於時有五色之象，炫耀奪目，變化之狀，神妙無常。敲爻歌云：「一派紅光列太清，鉛池迸出金光現。」道情歌云：「霞光萬道籠金鼎。」又云：「一顆紅光是至真。」又云：「遠似葡萄近似金。」打坐歌云：「神光照耀遍三千。」又云：「半夜三更現紅蓮。」金丹歌云：「一顆紅光似月明。」固漏歌云：「渾身一片霞光照。」又云：「紫氣紅光常晃耀。」此皆五色炫耀、變化無常之象。

譎譎然在乾鼎中沸馳，暴湧而不休止。於是逆行而上，火逼金行，接連重疊，由河車夾脊而至泥丸，再累累然下降絳宮、黃庭而入丹田。其時內視所覺之形象，既似犬牙之互相錯距錯距，則一升一降，若有所磨擦也，又如仲冬之寒冰片片色白而有光也。而「瓓玕周氏云「當作『琅玕』」吐鐘乳中空而透明之石」、「崔嵬崔嵬，土山之戴石者，測疏又作「崔，巍巍高峻貌」。總之，形容其各種景象之不同也而雜厠」、「交積即漸凝漸種也相支拄」等說，皆形容其身中奇異之景象也測疏謂「是乃大藥還丹之驗」。

但所以能如此者，蓋由陰陽得配。然雖有種種景象，而不可着相生心。若一着相，便落在後天。故只能淡泊相守，則自有神妙不可測之變化。

所謂「青龍處房六」者，青龍與房宿，皆位於東也然河圖之數，東方乃三與八，不是六。此云「六」者，因爲水之成數，木生於亥故耳，故云「春華一作「花」震東卯」春、震、卯皆屬木，在東方。白虎在昴七者，白虎與昴宿，皆位於西也然河圖之數，西方乃四與九，不是七。此云「七」者，因七乃火之成數，金生於巳故耳，故云「秋芒秋穀垂芒也兑西酉」秋、兑、酉皆屬金，爲西方。朱雀在張二者，朱雀與張宿，皆位於南也二則爲火之生數，故云「正陽夏令離南午」夏、離、午皆屬火，爲南方。

金、木與火三者，俱來朝宗，如家屬之爲親侶。本來只水火之二物，其結果乃成爲三五。按：三五有三說。（一）三五即十五，房六、昴七、張二，共爲十五數；（二）「子午數合三，戊己號稱五，三五既和諧，八石正綱紀」，乃水一火二，連土五在内，合稱「三五」；（三）東三南二一個五，北一西四一個五，戊己中央一個五，也是「三五」。

三五並作「併」解於危宿水一之處蓋即北方虚危穴，爲先天一炁發生之所，故云「都集歸一所」。此即混爲一也。但集註謂「危一，指真一之炁；一所，指黄庭神室」，又是一說。**頂批**按：從集註似文義較順，蓋謂金、木、火三五並危宿水一，都集歸於黄庭中央之土爲一所也，則「並」字不必作「併」字解矣。

所謂治之如上科者，謂大藥已得之後，當從事温養工夫，亦如前築基固命之法。惟日數則當從此處起頭，故云「日數亦取甫」。師云：「取者，資也；甫者，始也；取甫，猶言資始。」蒲團子按：「師云」及引語，當係汪伯英先生鈔按。「師」即指陳攖寧先生，引語爲陳攖寧先生語。

陶註云：「先白者，『採之類白』，金液之色；後黃者，『凝而至堅』『號曰黃轝』；赤色達表裏者，『造之則朱』，火包內外也。」

所謂第一鼎者，陸云「先天之藥」；食黍米者，陸云「初得之丹」，經云「元始有一寶珠，懸於虛空者」，蓋是物也。

此皆是自然之所爲，並非有邪僞之道。故若山澤之氣自然相通，興雲自然爲雨；泥竭自然成塵，火滅自然化土；蘗音「柏」，黃水染自然爲黃，藍即今靛青染自成綠組即綠絲繩也；皮革久煮，自能成膠；麯蘗作酵，自釀成酒。此皆因同類之易於施功，非種則難以爲巧也。又測疏云：「炎火下張，升熬甑山，即山澤之蒸氣也，化爲玉漿，降下重樓，滋液潤澤，和通表裏，即興雲爲雨，洗濯乾坤，皆成明潤也。故蒸氣，則白雲朝於頂上；化雨，則甘露洒於須彌。及乎鉛爲火煅，則日以漸抽，化爲窗塵，片片飛浮而去，是泥竭而成塵；汞爲鉛擒，死歸厚土，煙消燼滅，冷於寒灰，是火滅化爲土也。」又集註引：「或云『染黃成綠，於色相中求藥也；皮革煮膠，火候欲其完足也；麯化爲酒，得氣者常似醉也。』」此說亦牽强支離，不合本意。

惟如斯之妙術，審諦細考根蒂也不稍妄語，傳於億萬世後，昭然自可考據。煥然若星之經漢漢，天河也，衆目共覩；昺然如水之宗海，萬古不移。只要思之務令詳熟，反覆環視上下，千周萬遍，彬彬可覩，精誠感通，神明告人，心靈自悟。

探以手摸物也端頭也索緒緒，絲端也。端、緒，皆言綱領，必能得其門户也門户，即坎離。蓋天道並無適音「的」莫適莫，謂「一定」也。論語云：「無適也，無莫也，惟義之比。」，常傳與有賢德之人。

又集註謂：「此章舉參同契而約言之。法象天地，是『剛柔配合』，乾坤爲鼎器也。河鼓臨紀，是『男女相須』，坎離爲藥物也。玄溝取象於坎門，關鍵取象於離户；晷影則離之神火，江河則坎之神水。王者退改，以中心爲主宰也。雌雄者，人身之天地。低昂者，顛倒之陰陽。子午寅申，指火符之進退。循斗執衡，以魁柄爲綱紐。出入終始，築基而温養，首尾運火之功也。白虎唱而蒼龍和者，原『金華唱』而『陽往和』乎？朱雀翔而五彩飛，其『河上姹女，得火則飛』乎？網羅施而不得舉者，其『魄以鈐魂，不得淫奢』乎？刻漏未半而龍鱗狎獵，是蓋簇年月於一時，簇時刻於一符，『凝精流形』其在斯乎？此條皆借外丹景象以形容内丹之神妙，即謂『滋液潤澤，施化流通，各得其和，吐證符邪』。震東兑西，乃龍呼而虎吸；正陽離南，殆守西之熒惑邪。分之爲三五，合之皆歸一，斯即『三五與一，天地至精』、『九還七返，八歸六居』耶。白黄與赤，蓋『採之類白，造之則朱』，得黄暈而成丹矣。象且白赤，爲金火之色。金火相交，不離戊己者，『玄牝之門，天地之根』，真鉛真汞於此而生，成人成聖由此而出。經云『孔竅其門』，此云『得其門户』，皆此物也。天地之法象雌雄，篇中頻露意矣。而又云『山澤通氣』，何也？山澤之咸，兑艮合體。易曰：『柔上而剛下。止而悦，男下女，二氣感應以相與。』其於丹法，尤爲顯著。柔上剛下，象其顛倒低昂也；止而悦者，艮性欲其專一，兑情欲其和諧，以此男求於女，則有感而必應矣。」下畧。

辯解

法象

易繫辭上傳第十一章：「法象莫大乎天地，變通莫大乎四時，懸象著明莫大乎日月。」

玄溝　易經說卦傳云：「坎爲水，爲溝瀆。」玄武爲北方水神，坎卦位在北方，故謂之「玄溝」。又玄者，幽深之義；溝者，象形也。

河鼓　爾雅云：「河鼓謂之牽牛。」

星紀　各家註解，都言星紀是天盤丑位。爾雅云：「星紀斗牽牛也。」言其部位在斗宿與牽牛星之間。仇氏集註云：「『星紀』，在王氏本作『天紀』。」晋書天文志：「織女三星在天紀東端。」荊楚歲時紀：「天河之東有織女。」據此可知，天紀即是天河，星紀當亦指天河而言。蓋謂牛郎與織女駕鵲橋而相會於天河之處。

人民　身爲國家，心爲君主，精氣爲人民。

驚駭　陰陽交感，則身中精氣，不免受激動而現非常之狀態。

晷影　即日景，又爲測日景以定時刻之器具，器面有針。比喻離卦之作用。

前却　即進退。言妄有所動作，而進退不合法度。

九年　堯有九年之水災。

皇上、王者　即道心、人心之喻。

關鍵　門上之木，橫者曰關，直者曰鍵。按：鍵，又名門牡；關，即門也。門宜俯，而鍵宜仰，故曰「關鍵有低昂」。

害炁　俞氏發揮、陶氏脈望、仇氏集註皆作「周天遂奔走」，朱子考異作「害炁」，他本又作「周炁」。今按：宜從「周天」二字爲是。

徘徊　不進不退，流連往復。

子與午　此言坎離兩方，不是說時辰。縱謂時辰，亦是活子時、活午時，而非每日晝夜之時辰。

寅申陰陽祖　術數家有「男命行年起丙寅，順數；女命行年起壬申，逆數」。又五行長生，水長生於申，火長生於寅。夏至，日出寅正二刻，日入戌初一刻；冬至，日出辰初一刻，日入申正二刻。

出入終復始　出者爲終，終即止火；入者爲始，始即起火。

斗、衡、招搖　北斗七星，一樞、二璇、三璣、四權、五衡、六開陽、七瑶光。瑶光即斗杓，又名「招摇」。

元紀　移節度，定諸紀，皆繫於斗，斗爲眾星之綱紀。

熬　第十六章「白虎爲熬樞」。

甲鬣　即「狎獵」，乃重疊相接之義。

五色象炫耀　丹經云：「紫氣紅光當晃耀。」

滃滃　水湧出之狀。

闌干　縱橫之狀。

崔巍　或者「崔嵬」，山高峻貌。

白虎倡導前二句　第三十四章云：「金華先倡，有頃之間。解化爲水，馬齒闌干。陽乃往和，情性自然。」

朱雀翱翔戲至**傷毛羽**　石函記聖石指玄篇云：「朱雀炎空飛下來，摧折羽毛頭與脚。水銀緣此不能飛，煉作金丹爲大藥。」

房六、昴七　二十八宿中，房宿在正東，與昴宿正西相對。房六者，謂房宿第六度；昴七者，謂昴宿第七度。

秋芒　秋季穀實上所生之細毛。

張二、危一　二十八宿中，張宿正南，與危宿正北相對。張二者，謂張宿第二度；危一者，謂危宿第一度。

二物　陰陽也。

三五　水一金四，爲一個五；火二木三，爲一個五；中央土，爲一個五。共計爲三個五。第十八章云：「子午數合三，戊己數居五。三五既和諧，八石正綱紀。」第三十五章云：「三五與一，天地至精。」第四十章云：「三五不交，剛柔離分。」

如上科　謂仍如以前之工夫做法。

日數亦取甫　十個月三百日蒸薰温養之工夫，從此而始。取者，資也；甫者，始也。取甫，意即資始。

先白後黃　即白雪黃芽之意。

第一鼎　即第一轉之意。

大黍米　比喻丹頭初結。

山澤氣蒸至**麯蘗化爲酒**　此八句大意，皆言自然之結果。若分而言之，則如後釋。

山澤二句　「白雲朝頂上，甘露洒須彌。」呂祖百字碑。

泥竭二句　「形體爲灰土，狀若明窗塵。」第二十三章。「水盛火消滅，俱死歸厚土。」第十八章。

蘗染二句　言漸染漸深，非一朝一夕之功。蘗，音「柏」，俗名黄柏，可作黄色染料。

皮革一句　言經火力煎熬，時候長久，方能融化而混合凝結。

麯蘗一句　言以少化爲多，少量酒母能造多量之酒。

藍　乃草名，其葉名「靛青」。

組　即絲綬。

探端索其緒　等於「探索其端緒」。緒者，絲之頭。端緒，即「頭緒」之意。

無適莫　論語里仁篇：「無適也，無莫也，義之與比。」即無可無不可。

鼎器歌第四十七

圓一作「圍」**三五，徑**一作「寸」**一分。口四八，兩寸脣。長尺二，厚薄勻。腹齊一**云「即『臍』」**三**一作「三齊」，一作「三正」**，坐垂温。陰在上，陽下奔。**

圓爲乾鼎，方爲坤爐。算術上公式，圓形三寸，徑長一寸，圓形三五，徑長一五，故云「圓三五，徑一分」；方形八寸，則徑長兩寸，而四圍適有四個兩寸，二四得八，故云「口四八，兩寸脣」。又，三、五、一爲奇，故象乾；二、四、八爲偶，故象坤。

長尺二者，比十二月、十二時、十二律卦氣循環無參差也；厚薄勻者，即調停火候，配合均勻，念不可起，意不可散，念起則火燥，意散則火寒也。

腹齊三者，外丹鼎爐，腹下三足，人元亦象之也；坐垂「垂」，作「待」字解温者，坐待其氣之温煖也。

「陰在上，陽下奔」者，坤爐之坎卦在上，而坎中之一陽爻即水中金，望下而奔入離家也。

辭解

圓三五，徑一分　圓形之物，圍三徑一，如圍三是五寸，則徑一即是五寸的三分之一。三、五、一，皆奇數，指乾鼎而言。

口四八，兩寸脣　方形之物，圍四徑一，如圍四是八寸，則徑一即是八寸的四分之一，即兩寸也。四、八、二，皆偶數，指坤爐而言。

長尺二，厚薄勻　尺二者，比喻一年十二月，或一日十二時；厚薄勻者，要火候調和，不寒不燥，陰陽配合，適得其平也。

腹齊三，坐垂温　凡鼎皆是三足，無四足者。鼎之三足，皆安置於鼎腹之下，不長不短，部位齊整，所謂「鼎足三分」，故曰「腹齊三」；坐垂温者，將鼎坐於爐中，以待其温煖。呂祖沁園春詞云：「七返還丹，在人先須煉己待時。正一陽初動，中宵漏永，温温鉛鼎，光透簾幃。」

陰在上，陽下奔　陰在上者，坤卦在上也；陽下奔者，陰中陽往下奔入於乾家也，即取坎填離、水火既濟之義。究竟乾之與離、坤之與坎是一是二，蓋以鼎器言，則曰乾坤； 以藥物言，則曰離坎。 離即乾，坎即坤，非離之外別有乾、坎之外別有坤。

首尾武，中間文。 始七十，終三旬。 二百六，善調勻。 陰火白，黃芽鉛。 兩七聚，輔翼人。

首尾武者，首煉己、尾溫養皆用武火也； 中間文者，採大藥也。師云：「後天鼎爲武，先天鼎爲文。」又云：「呼吸有數爲武，混混沌沌爲文。」蒲團子按「師云」及引語，當係汪伯英先生鈔按。「師」即指陳攖寧先生，引語爲陳攖寧先生語。

「始七十，終三旬，二百六，善調勻」者，姜註：「得藥之後，百日而始凝，又加二百六十日進退火符以合周天之數。陰真人云『十月懷胎分六甲，終歲九轉乃成真』是也。」

陰火者武火，白者白雪，指後天小藥； 黃芽者，文火，即陽火，乃先天大藥之真鉛也。

「兩七聚，輔翼人」者，青龍七宿與白虎七宿，陰陽二火，聚在一處，以輔翼行功之人也。陸註：「鉛汞之氣，同聚中宮，輔翼人身，以成仙體。」集註又云：「兩七者，或云十四以下之鼎器，取其氣旺而藥真。運火須九鼎，故曰『聚』也。」

辯解

首尾武，中間文　此言起手及末後皆用武火，中間則用文火。外丹燒煉，凡拉動風箱，加足煤炭者，火力盛强者，即算武火；不動風箱，火力平和者，即算文火。內丹文武火如何解釋，則人各一說，漫無定義。或云：「先天丹母爲文火，後天藥符爲武火。」或云：「呼吸有數而緊重爲武，無數而輕微爲文。」或云：「打起精神，驅除雜念，爲武；温温不絕，綿綿若存，爲文。」或云：「文火乃發生之火，求鉛之時用之；武火乃結實之火，結丹之時用之。」或云：「後天鼎中築基與温養之火爲武，先天鼎中大藥還丹之火爲文。」

始七十，終三旬。二百六，善調匀　七十日、三十日、二百六十日，共計三百六十日，即是十二月，即一年一周天。但此亦是比喻。若縮短而言，則一月三十日，共計三百六十時辰，未嘗不可以代替三百六十日。倘再縮短言之，則一日十二時辰，未嘗不可代替十二個月。再以攢簇火候而言之，則一刻之中，亦備具一年之氣候。因一刻之中有一個周天，一個周天等於一年故也。此四句，各註家無一合原書之本意者，大概都屬牽强附會。

陰火白，黃芽鉛　陰火即白雪，故曰「陰火白」；　白雪屬陰火，則黃芽當屬陽火，故曰「黃芽鉛」。

兩七聚，輔翼人　七者火之成數，兩七者，即陰火與陽火也；　聚者，二火會合一處也；　輔翼人者，兩火合力以輔佐真人也。

瞻理腦，定升玄。子處中，得安存。來去遊，不出門。漸成大，情性純。却歸一，還本元。善愛敬，如君臣。至一周，甚辛勤。密防護，莫迷昏。途路遠，極幽玄。若達此，會乾坤。

「瞻理腦，定升玄」者，即目視頂門，瞻顧其腦，久之則自能藥氣升頂。頂者，玄宮也。丹法謂之「移爐換鼎」。

子者，嬰兒也。嬰兒處於玄宮之中，得以安存。「來去遊，不出門」者，只能優游於一身之中，不能出神於玄門之外，蓋嬰兒幼小未成人也。及乎漸凝漸大，情性日純，再退歸元海，還於本原，用抱元守一之功，要善事愛敬，如君臣之間。若是者，至一周年之久，甚爲辛勤，嚴密防護，切莫迷昏。如是之後，方可陽神透頂，來往自如。途路遠，則放之彌乎六合也；極幽玄，則卷之潛藏深淵也。若能達此，則宇宙在手，萬化生身，會通乾坤之理矣。**頂批**　會通者，即融會貫通也。

辭解

瞻理腦，定升玄　瞻理，即瞻養修理之義。黃庭經云：「子欲不死修崑崙。」

却歸一，還本源　即煉神還虛之工夫。

刀圭霑，浄魄魂。得長生，居仙村。樂道者，尋其根。審五行，定銖分。諦思之，不須論。深藏守，莫傳文。御白鶴，駕龍麟或作「鱗」**。遊太虛，謁仙君。受圖籙，號真人。**

刀圭上文云：「粉提以一丸，刀圭最爲神。」又云：「刀圭者，二土成真也。」刀者，「丿」爲戊土，「𠃌」爲己土，乃戊己二土，結爲大藥也者，金丹大藥也。既霑霑，當「得」字解刀圭，魄魂自浄**頂批**　按：魄魂浄，即身心大定，煩惱全無，六根清浄，寢無夢、覺無憂也，於是得長生而居仙村。若欲如此，惟樂道者能尋大道之根宗，以先天一炁爲之本，審五行之順逆，使生尅制化得其宜按： 即「火往銷金，金伐木榮」之類，定藥物之銖分按： 即「二者以爲真，其三遂不入，火二與之倶」之類，使鉛汞抽添合度。此等至理，但可審思密藏，難以口談文述。惟默默行之，三年九載，道成德就，則身外有身，駕鶴參龍而神遊乎寥廓之表，膺籙受圖而天賜以真人之號，是謂聖修之極功、丈夫之能事畢矣。按： 此節爲潛虛語，其註解本文已極明顯，不必再註，故錄之。

辯解

刀圭霑，浄魄魂 一刀圭，即一方寸匕的十分之一，言其量不多也； 浄魄魂者，即六根清静，萬念皆空，入大定也。

尋其根 所謂「窮取生身受氣初」也是。

審五行，定銖分 審五行之順逆，使生尅制化得其宜； 定藥物之銖分，俾配合輕重合其度。

序第四十八

參同契者，敷陳梗概。不能純一，泛濫而說。纖微未備，潤畧彷彿。今更撰錄，補塞遺脱。潤色幽深，鈎援相逮。旨意等齊，所趣不悖。故復作此，命三相類，則大易之情性盡矣。大易情性，各如其度；黃老用究，較而可御；爐火之事，真有所據。三道由一，俱出徑路。枝莖華葉，果實垂布。正在根株，不失其素。誠心所言，審而不悞。

參同契者，敷即宣布也陳告也梗概大畧也。

不能純一謂不能純粹精一，完全宣露也，即前文所謂「寫情著竹帛，又恐泄天符」也，泛濫而說廣說，不說一件也，如有時說天地，有時說人類，有時又說物類，用種種譬喻也。

纖微未備詳細之處，不能和盤託出也，且不能以言語形容也，潤畧彷彿遼潤而約畧，彷彿似之也。

今更撰錄，補塞遺脱。謂更撰錄「歌」、「賦」、「序文」，以補塞本文之遺脱也。

潤色幽深，鈎援頂批　鈎援，攻城器相逮潤色幽玄深邃之文章，鈎之援之，使相連也。「逮」，作「連」

字解，即指「歌」、「賦」之類。

旨意等齊，所趨不悖。謂所作之「歌」、「賦」等，其宗旨之意，與原文相同，所趨之途，並不悖謬也。

故復作此因補塞遺脱之故，故復作此，命三相類命其名爲「三相類」，即大易、黄老、爐火三道由一之意，則大易之情性盡矣雖可分而爲三，實不能出大易情性之外，能明此三者相類，則大易之情性無不盡矣。

大易情性，各如其度。謂大易情性，不外乎一陰一陽耳。陰之度數若干，陽之度數亦若干，蓋陰陽之數必須相配也。故云：「大易情性，各如其度。」

黄老用究，較而可御。黄帝、老子發明之妙理，應當用作研究，且較然可以運用而乘御。

爐火之事，真有所據。爐火，即地元黄白術、天元神丹也。學者得訣之後，依法實行、按程修煉的，有成就之可能。古仙都有服之而飛昇者，故云「真有所據」。

三道由一，俱出徑路。大易、黄老、爐火，表面雖可分而爲三，然皆不出「陰陽配合，各如其度」耳，故云「三道由一」；俱出徑路者，謂三道若能明理得訣，而具足機緣，皆是至簡至易之事，並非繁難也。徑路者，謂路極近也。

枝莖花葉，果實垂布。正在根株，不失其素。有枝莖與花葉，果實自然垂布。然其正則在根株之不失其素，以喻修道者之能由結丹而脱胎神化，推其所以能如此者，則在綿綿呼吸，調養元神，正心誠意，不失其根本之樸素也。

誠心所言，審而不悮。此皆魏公誠心所言，苟能細審其理而行之，決不悮人也。

鄶國鄙夫，幽谷朽生。挾懷樸素，不樂權榮。棲遲僻陋，忽畧利名。執守恬淡，希時安平。宴然閒居，乃撰斯文。歌敘大易，三聖遺言。察其旨趣，一統其倫。務在順理，宣耀精神。施化流通，四海和平。表以爲歷，萬世可循。敘以御政，行之不繁。

鄶國鄙夫鄶國在河南，會稽在浙東，借鄶國以寓會稽； 鄙夫者，自謙也，謂處邊鄙之夫，亦謂鄙陋之人也，幽谷朽生幽谷，山谷中； 朽生，謂無用於世也。

挾懷樸素，不樂權榮。心中懷着樸素之念，不喜争權奪利、富貴榮華也。

棲遲僻陋，忽畧利名。棲遲於僻陋之處，忽畧貨利聲名。

執守恬談，希時安平。執守恬淡生活，只希時局安平。

宴然閒居，乃撰斯文。方可宴然閒居，乃得撰作斯文。

歌敘大易，三聖遺言。所做者詩歌之文，所敘者大易之道。三聖，即伏羲、文王、孔子也； 遺言，則遺傳之言。

察其旨趣，一統其倫。夫三聖之遺言，若察其宗旨與趣向，實一統其倫而無殊，蓋皆不出一陰一陽之道也。

務在順理，宣耀精神。其所務者，在乎順自然之理，而宣化光耀吾人之精神。

施化流通，四海和平。若能順自然之理，以宣耀精神，而施化流通於宇宙之間，自然能四海和平，而萬國咸寧。堯曲云「光被四表，格於上下」，亦同此理。

表以爲歷，萬世可循。表明大易陰陽消長之道以爲歷，則雖萬世可以遵循。故易傳云：「君子以治歷明時。」

敘以御政，行之不繁。敘大易之道，以御政治，則亦可以端拱無爲，行之簡易而不繁，所謂「道無爲而無不爲」也。

引內養性，黃老自然。含德之厚，歸根返元。近在我心，不離己身。抱一無捨，可以長存。配以伏食，雌雄設陳。四物念護，五行旋循。挺除武都，八石棄捐。審用成物，世俗所珍。羅列三條，枝莖相連。同出異名，皆由一門。

引內養性，黃老自然。用大易之道，引之於內，以養心性，即黃老自然之道也。蓋黃老養性，亦不外乎大易之陰陽也。

含德之厚，歸根返元。含德，即含受先天一炁也。師云：「道德皆本乎一炁。廣義的謂道，狹義的謂德；　普遍在宇宙間的謂道，寄存在人身中的謂德；　統而言之謂道，分而言之謂德。所謂德者，即一炁在乎人身也。今含受先天一炁，使之深厚，自然能歸根返元。」按：　「含德之厚」句，本道德經。　蒲團子按　「師云」及引語，當係汪伯英先生鈔按。「師」即指陳攖寧先生，引語爲陳攖寧先生語。

近在我心，不離己身。抱一無捨，可以長存。此等道理，皆近在我心，並不離乎己身，苟能抱元守一，而無捨棄，則自可以永遠長存矣。集註云：　「此即久視長生之道也。」又道德經云：　「含德之厚，比於赤子。」又云：　「歸根曰靜，靜曰復命。」又云：　「載營魄抱一，能無離乎。」又孟子亦云：　「操則存，捨則亡。」亦此同理。

配以伏食，雌雄設陳。四物念護，五行旋循。此則以天、地、人三元皆可作註。蓋天元本講伏食，而地元則天元之初步，人元之伏食則伏先天一炁，皆須雌雄設陳，用陰陽相配合，龍虎雀龜之四象爲念護，加戊己二土爲五行，以周旋而循環其間，方可成丹。

挺除武都挺除，猶云「排却」；　武都，山名，產二黃之地。集註云：　「煉藥封口，用武都山紫泥。」，八石棄捐集註：　「朱砂、硼砂、硇砂、雌黃、雄黃、硫黃、砒霜、膽礬謂之八石。」三元之道，均不須如此繁雜，故皆在挺除棄捐之例。

審用成物，世俗所珍。存存子註：　「能審其作用而成物，則九年成白雪，十二年成神符，白日飛昇，枯骨生肉，爲希世之珍。此爐火伏食之道也。」

羅列三條，枝莖相連。同出異名，皆由一門。大易、黃老、爐火，今雖羅列爲三條，然其枝莖實相連絡，道理可以一貫，同出於一途而異其名耳。若論歸根返元，皆由一門也。

非徒累句，諧偶斯文。殆有其真，礫音「力」硌音「洛」可觀。使予敷僞，却被罪愆。命參同契，微覽其端。辭寡道大，後嗣宜遵。

非徒累句，諧偶斯文。並非徒然累叠成句、和諧排偶而爲斯文。

殆有其真，礫硌可觀。殆有其至真之理，明白顯露，而可以觀也。礫硌，明白貌。

使予敷僞，却被罪愆。假使予宣布的道理是虛僞的，却要受一種過愆。

命參同契，微覽其端。辭寡道大，後嗣宜遵。所以命名爲參同契者，蓋微覽金丹大道之端也。言辭雖寡，而其道實大，後嗣應當遵循。

委時去害，依託丘山。循游寥廓，與鬼爲隣。化形而仙，淪寂無聲。百世一下，遨遊人間。敷陳羽翮，東西南傾。湯遭阨際，水旱隔併。柯葉萎黄，失其華榮。各相乘負，安穩長生。

此「魏伯陽歌」四字隱語也。

俞琰註：「『委時』四句，藏『魏』字；『化形』四句，藏『伯』字；『敷陳』四句，藏『陽』字。『委』隣於『鬼』，『魏』也；『百』去其『一』，下乃『白』字，合於『人』，『伯』也；

『湯』與『阨』遭，隔去其『水』，而併以『阨』傍，『陽』也。」陶註：「『柯葉』四句，藏『歌』字。『柯』失其榮，去『木』成『可』。乘者，加也。兩『可』相乘，爲『哥』。『負』者，『欠』也。『哥』傍附『欠』，爲『歌』。」

知幾子云：「有韻之文，謂之歌，即所謂『歌敘大易』也。」又云：「此節文義，亦可順解。委棄時俗，以避物害，身居寥廓之境，幾與山鬼爲隣矣。意在韜聲學仙，百世重遊，如丁令威之化鶴歸來也。敷陳羽翮者，羽化之後，四方任其翱翔矣。東西南傾者，缺北方之水，則火木旺而銷金，故喻湯年大旱，柯葉萎黃，水枯不能生木也。神仙則身外有身，乘鸞跨鶴，不受侵陵生滅矣，故曰『各相乘負，安穩長生』。」

陳攖寧 著　蒲團子 校訂

附：仙學必成

誡條

後列九條，宜寫在封面，今姑且錄於本篇首頁中。

一　此書只許本系統內諸友鈔錄，不可讓外人鈔錄。

二　非本系諸友，若工夫已有程度立志上進者，可先看余已經出版各書及揚善雜誌、仙道月報等。俟其對於余之學說有相當之認識，遇有機會，或可將此書給他一觀。但只能來家中閱覽，不可借出門，更不可鈔錄。

三　若其人確屬至誠君子，閱此書後，必欲再求深造者，須正式歸入本系統之內，方許爲他詳細說明。否則，不負解釋之責。

四　關於實行工夫，先天、後天各種作用，余遵守師誡，未曾詳細寫出。況且此等作用，亦非筆墨所能形容。望諸友嚴守秘密，勿忘當日各人自己之誓辭。

五　若其人自尊自滿，不屑謙下，不肯虛心，只想得便宜，此種人即非載道之器，雖十分好道，亦不可給他看。

六　若其人有江湖習氣，與我輩氣味不投，雖表示謙虛之態，亦不可給他看，更不可讓此種人混入本系統之內，庶免敗壞名譽。

七　此書慎防無意中被他人竊取或竊鈔而去，改頭換面，出版賣錢，並防落到江湖傳道的手中，加添枝葉，當生意做。余往日已有經驗，此後望諸君勿再蹈覆轍。

八　此書鈔本，不可從郵局寄遞，防他人拆閱竊鈔。

九　此書附錄中去病延齡方便法，本系諸友若自願鈔錄幾份，贈送至親好友者，聽便。但仙學必成本文要語不可抄贈。

十　每一鈔本必須將前列各誡條寫在封面。頂批　第一次亞園鈔本，是將誡條寫於封面，後來各鈔本皆改錄於篇首。

余往年認爲，大道貴在公開，不懂古人嚴守秘密是何用意，後來閱世既深，遂知此道實有秘密之必要。即如佛教，總算是公開普度，尚且有密宗，而孔教中亦有「性與天道不可得聞」之歎，不僅仙道爲然。設若完全公開，則此道失其尊崇之價值，人將視爲無足重輕，言者諄諄，聽者藐藐。公開之意本欲普度，結果適得其反。

此道雖與宗教、哲學、科學皆有關係，然而非單純勸善的宗教，非空談理論的哲學，非偏向物質的科學，研究起來簡直是一種超人的學術，實行起來可稱爲人類中最高尚的事業。既稱爲事業，當然非一人之力所能包辦，所以要有團體組織。若要成就一個集團，必須先能自成一派，要獨立自成一派，必須本派中具有特長與優點，而非其他各道門所能知、所能言者，然後本派方有獨立之資格。若完全公開，則他人之秘密我不能知，我等之特長與優點他人都已明了，本派失其憑藉，即不能成立，而諸君修煉之目的，亦難以達到。因此，要守秘密。

諸君或疑古人修仙並無集團之說。須知古人有幾種辦法，今人皆不能做傚：一，投入僧道門中，借彼宗教原有團體作安身之所；二，雖不出家，而能在山林中做隱士，有田地可够生活，不問國家社會之事，過他的清閒歲月；三，有大富貴人作護法，一切不須自己勞心勞力去營謀。這三種辦法，在今日之下皆難做到，不得而已，纔有團體之計劃耳。**頂批**　目下余對於集團之事，無意進行，姑存此說，以遺後來同志。

篇前語

仙學乃超人之學，非一般人所能奉行，余往日註解幾種道書，乃專爲少數同志而作，原無普遍流傳之意，與宗教家傳教的性質絕不相同，本篇亦然。

浮生若夢，聚散無常，未知何日方能再見。因特寫此篇留贈，聊以筆墨代口授耳。此篇約計萬餘言，雖爲余四十載研究之結晶，但限於篇幅，未能將半生所學儘量宣布。惟其中論述各節，皆余平日所不欲輕易對人言者，在以前諸家道書上亦無此說。今以入山在即，恐世間無人明白仙學之真相，致爲江湖術士所欺，故留此篇在世，接引有緣，得者宜慎密之。

肉體凡夫，要修成氣體神仙，談何容易。若不用此篇所傳授之方法，余敢斷言，毫無希望。即用此法，亦須拋棄一切，下二十年苦功，方得成就。尋常人士，未必有這樣決心，縱有決心，未必有這樣機會。歷年以來，從余學道諸君，其目的多在去病延齡，此只用仙學全部工夫十分之一爲已足，不必小題大做，但亦要合於本書附錄中所擬定之條件，並遵守其誡規，然後有效，切須注意。

本書之外，尚有仙話稿本待刊。其他早已出版者，如黃庭經講義、孫不二女丹詩註、揚善半月刊及仙道月報中拙著，皆可參考。經余手校訂前人仙道書籍，有道竅談、三車秘旨、琴火重光、道學小叢書、女子道學小叢書等。惟學問之事，與年俱進，雖同是一人手筆，後出者總比先出者爲優，所以本篇理論最徹底，口訣最完備。

本篇脱稿，對於仙學上義務已盡，不欲再費腦筋從事著述，急須覓地實行下功，將來與諸同志信札往還，自未能免。仙話零稿或須續輯，至於理法兼賅之長篇作品，將以此爲最後結束矣。**頂批**　「筋」宜改「力」字爲妥。

天下事皆有因緣，余在滬時，迄無作書之意，到南京後獨居静室，涼月滿窗，景物依然，心情迥別，爐香杯茗，偏惹愁腸，花影竹風，倍添哀慕。惜良宵之不偶，感人命之無常，痛仙侶之折雙**頂批**　余妻死於三十四年陰曆正月下旬，喪失一最密切、最忠實之同志，念師恩之未報，方始沉思遐想，落筆遺懷。兩覩月圓，乃完斯稿始於陰曆三月十三日，成於陰曆四月十五日。從此人間仙學，遂有軌轍可循，未嘗非環境有以促我，閲此書者，尚其諒之。

仙學必成

宇宙間爲什麽要生人生物，這個問題最難解答，留到後來再研究。我們現在所急須知道的，就是用如何方法可以免除老病死之苦。

生與死，是相對的。既有生，自然有死，若要不死，先須不生。所以佛家專講無生，果真能做到無生地步，自然無死。莊子大宗師篇「殺生者不死」，亦是此意。但所謂無生不死，乃心性一方面事，肉體之衰老病死，仍舊難免，痛苦依然存在。

因爲有以上的缺點，仙家修煉工夫，遂注重肉體長生，欲與老病死相抵抗。雖然方法甚多，但不是每一個方法都能達到目的。法之不善者，非徒無益，而且有損。道書雖不可不看，却不可盡信。有些道書是冒名僞託的，根本就無價值頂批 僞託書中亦有好材料，要自己善於識別；有些道書的作者，對於此道並未十分透徹，竟大膽的做起書來，貽誤後學；有些道書，別有作用，做書的意思是要給當時幾個富貴人看的，並未曾替普通人設想；有些道書，故意閃爍其辭，指鹿爲馬，不教人識透其中玄妙；有些道書，疊床架屋，頭上安頭，節外生枝，畫蛇添足，分明一條坦途，偏長出許多荊棘；有些道書，執着這面而攻擊那面，或是篤信那面而不信這面，豈知實際上做得好，兩面俱能有成，非如水火冰炭之不能相容。設若盡信書，反誤了大事。

不得口訣，無從下手。只有口訣，而缺少經驗，亦難以成就。口訣幾句話可以說完，經驗須要隨時指點，對症用藥。口訣是死板的，經驗是活潑的。若非自己經驗豐富，不足以教人。

清静工夫與陰陽工夫，素來是立於反對地位，我認爲二者皆有功效。但在今日環境之下，不便和諸道友談陰陽工夫，因爲條件不完備，實行起來徒惹麻煩，加添魔障。**頂批** 余所謂陰陽工夫，比較江湖先生所傳授者，大有分別。 即就陰陽工夫而論，亦僅能施於初下手時之煉精化氣，及至中間之煉氣化神，陰陽工夫已無能爲力，自然走到清淨路上來了。最後之煉神還虛，更非清淨不可。所以，此後專講清淨。**頂批** 此處各人鈔本少幾個字。一步登天，乃不可能之事。吾人若立志與造化相抵抗，須要分開步驟，循序漸進，不宜躐等而求。這件事是實行不是空想，空想可以唱高調，實行則當由近及遠，由淺入深。

普通在世間做人的辦法，一生過程大概分作三段：二十五歲以前，是求學時代；二十五歲以後，至五十歲，是進取時代；五十歲以後，至七十歲，是保守時代。過了七十歲，身體衰朽，待死而已。此指健康無病之人而言。若素來多病，到了六十歲就如日落西山，未必人人都能活到古稀之壽。所以人生過了五十歲，即當抑制自己的野心，勿再和社會奮鬪，要留一點餘力和造化小兒及閻王老子奮鬪。

終身爲生活奔走的人，談不到「修煉」二字。最低限度，也要家庭生活勉强可以維持，用不着再去勞心勞力。年齡將屆五十，已經飽嘗人生痛苦，閱盡世態炎涼，覺得做一個人實在没有意味。此時，正是學道的好機會，就應該即刻預備起來。

第一步

先將家庭事務安排妥帖，讓他們生活無憂。兒子能負擔者，就交託與兒子；兒子尚未能成立者，暫時請至親好友代爲照管，或令他們和叔伯家族住在一處。然後自己方能脱身。

另外提出一筆修道經費，約計能够管五個人的生活開支已足，雖不要過於奢侈，亦不宜十分刻苦。因爲中年以後的人，身體多半虧損，或須藥餌調補，僅靠普通飯菜，恐不足以養生。所謂五個人，乃最合式的道友二人或三人，傭工二人或一人，連自己共五人。

另外尚須儲蓄一筆旅行費。因爲長久住在一個地方，未免納悶，有時需要遊覽名山勝境，使身心得以調劑。設若在遊覽期中，尋到比較更好之處，不妨遷移到彼處修煉，或者在彼處多住幾時，再回到此處亦可。所以每年的旅行費，不能算在日常生活費之內。

第二步

選擇適宜於修煉的場所，須要近山林，遠城市，有終年不斷的泉水，有四季長青的樹木。東南方形勢開展，可以多得陽光；西北方峯巒屏立，可以遮蔽冬季寒冷風。地方民俗要純良，購買用品要便利。又要植物茂盛，纔有生氣。最好有松、柏、杉等類樹木，由針狀葉中吐出特別香氣，人吸入身內大有益處。此種樹木皆要成林，香氣散布，始覺濃厚，稀疏幾株，無濟於事。

東南各省，無論農村或山林，多產蜈蚣蛇蟲等物，常常爬到人家床上來，所以房間要乾淨，門窗要嚴密，厨房更要十分留意，防飲食之中有毒氣侵入。

屋內陳設，務求簡單，若非日用必需品，不宜放在屋內。靜室中，光線要充足，空氣要流通，以防微菌滋生。惟正當做工夫時候，光線不宜過亮，過亮則心神難得安定。室中不宜吹風，有風容易受感冒病。

無論住在什麼地方，總不能不和人家往來，或者尚有交涉事件。正式做工夫的本人，不宜耗散精神再管閒事。凡應酬鄉隣，撑持門户，購買食物，督察傭工，以及日夜輪班保護静修之人，勿使受意外之驚擾，皆賴諸道友分擔其責任。

第三步

改良飲食。飲食對於人身有密切利害關係，世間講究衛生的人，尚且懂得某物於我有益，某物於我有損，有益者宜常吃，有損者宜禁止勿使入口，而一般做工夫的人，每不知注意此事，難怪他們工夫没有進步。雖由於方法之笨拙，而煙火食舊習慣不肯改變，亦爲一大原因。

談到改良飲食，先決的問題就是吃葷吃素。按事實而論，肉食之徒也有長壽的，專吃浄素也有短命的，似乎吃葷吃素與人之壽命無關。然作精密觀察，究竟吃素的比吃葷的少生疾病，在醫學上頗有根據。實行做修煉工夫，當然以吃素爲合法，並且不違背仁慈之心理，但也要配製得宜，營養不缺。若飲食太菲薄，弄得面黄肌瘦，血液乾枯，則不免爲肉食之徒所竊笑。

吾人每天飲食所需營養質，最重要的有三種：一，碳水化合物；二，蛋白質；三，脂肪。何謂碳水化合物？即碳、氫、氧三元素化合而成之物，如澱粉、糖等類。何謂蛋白質？即碳、氫、氧、氮、硫、磷各種元素化合而成者。何謂脂肪？即各種油類。

碳水化合物，米麥中最多，豆類次之；蛋白質，黃豆及卵黃、卵白中最多，米麥次之；脂肪，除各種油類之外，黃豆及卵黃中所含最多。

以上三種營養物質，在每一個人身中每天需要多少，則不能一律。今只可言其大概之數，亦是按中國人體質而論。碳水化合物，每人每天需要九兩；蛋白質，需要三兩；脂肪，需要二兩。勞心的人與勞力的人，所需要營養質數量多少，當有分別。頂批　五十歲以上至六十歲，照此數九折；六十歲以上至七十歲，照此數八折；七十歲以上至八十歲，七折。以市秤計。

牛奶、鷄蛋、鴨蛋可常服食，自磨豆漿可代替牛奶豆腐店出賣之豆漿，嫌其水份太多，又怕得潔內微。芝麻油、黃豆油、茶子油、花生油、牛奶油皆可輪流食用，惟菜子油性味不佳，勿食爲妙。

五味皆宜淡，不宜濃。若能完全淡食，最好。

甲乙丙戊四種生活素，上等牛奶中皆有之，惟缺少丁種。甲種生活素，奶油、蛋黃、白菜、菠菜、芹菜、青莧菜、番茄中最多；乙種生活素，麥麩、米皮、黃豆、白菜、菠菜、芹菜、番茄、豌豆、花生、芝蔴中最多；丙種生活素，白菜、菠菜、捲心菜、豌豆苗、水芹菜、藕、辣椒、番茄、茭白、菜花、油菜、鷄毛菜及各種水菓中最多；丁種生活素，鷄蛋黃、奶油中最多；戊種生活素，鷄蛋、白菜、菠菜、牛奶、花生、番茄、山藥、芥菜、芹菜、小麥、黃豆、綠蘿蔔、洋山芋中有之。**頂批**　戊種，又名庚種，即維他命G。

頂批　下面所增的各種食物，乃三十六年十月所加入。**蒲團子按**　陳攖寧先生頂批所云「下面所增補」者，即文中甲種之「芹菜、青莧菜、番茄」、乙種之「番茄、豌豆、花生、芝麻」、丙種之「捲心菜、豌豆苗、水芹菜、藕、辣椒、番茄、茭白、菜花、油菜、鷄毛菜」、戊種之「牛奶、花生、番茄、山藥、芥菜、芹菜、小麥、黄豆、綠蘿蔔、洋山芋」。

凡吃蔬菜，最要洗得乾浄，但不宜煮得太熟，太熟則生機消滅，吃下去没有益處。亦不宜太鹹，太鹹則菜湯不能多吃，而菜中生活素大半棄在湯中，未免可惜。

蔬菜要從地上剛拔起來的生機充足。若隔一兩日，或浸在水裏，菜中所含生活素不免損失大部分。

各種乾菓、水菓皆可常吃，但要與自己身體配合恰當。寒體宜吃乾菓，熱體宜吃鮮果。凡新鮮水菓，大概是涼性。|中醫所謂涼性，即西醫所謂第三種維他命。　而紅棗、黑棗、胡桃、楊梅、乾荔枝、乾桂圓、櫻桃乾、葡萄乾之類，大概是温性。|中醫所謂血熱，即西醫所謂壞血症。　**頂批**　新鮮蔬菜及新鮮水菓中，皆有維他命C（丙種）；乾菜乾菓中，則無C，因維他命C，喜水而怕乾。

南方山中多竹，產筍最多，做素菜的人，常喜用筍作主要食品，味頗鮮美。但此物性於人無益而有損，不可多吃。其他如蘑菇、鮮菌、味精等類，亦當禁絶勿用。

專做静功的人，每日飲食物料及時間，須有特別規定，不能與尋常習慣相同。**頂批**　若不肯改變尋常習慣，決難有成。其他道友及傭人，每日三餐或兩餐，聽便。

第四步

起居飲食都安排好了，就要講到工夫如何做法。世人只曉得關起房門，在裏面打坐，不曉得行立坐臥四種姿式皆可以做工夫；只曉得閉着眼睛在自己身中搬弄許多花樣，不曉得後天的物質、先天的精神，都是從身體外面攝取進來的。凡人到五十歲以後，身中物質與精神大半虧損，所存無幾，縱讓你封固得絲毫不漏，也不過保留得一點殘餘，況且每天尚有消耗。所以，做修煉工夫的人，若只曉得在腔子裏面弄，總弄不出好結果。

人沒有飲食，就不能維持生命；沒有空氣，更是立刻便死。飲食、空氣對於身體，關係如此重要，並且都是由外面進來的。據理而論，一個人只要有豐富的飲食滋養，有新鮮的空氣呼吸，應該可以永久生存，何以仍不免衰老病死？諸君先要明白這個道理，然後方可入仙學之門。

或謂人的身體構造，像一部機器，機器年代用久了，自然要損壞，身體年齡過久了，自然要衰老。機器損壞，並非因爲缺乏燃料，即使不斷的加添煤炭，裝足汽油，也不能保機器不壞；身體衰老，並非因爲缺乏食料，即使長年的滋養豐富，醫藥無虧，也不能保身體不死。

愚謂拿機器比喻身體，雖有幾分近似，但非完全相同。試看初生嬰兒身體如何之小，過幾年就變成孩童，孩童身體比嬰兒大多少；孩童再過幾年，就變成壯丁，壯丁身體比孩童大多少。**頂批** 朱昌亞鈔本、謝鈔本、方鈔本皆少此二十一字。**蒲團子按** 即「孩童再過幾年，就變成壯丁，壯丁身體比孩童大多少」二十一字。請問一部小機器過幾年能自動的變成一部大機器否？身體皮肉，受傷破爛，自己會生長完好，機器損壞，機器自己有修補之能力否？身體或動或靜，由自己意思做主，機器動作與停止須聽人的意思，機器自身不能做主。如此看來，人是有生命的，究竟與機器之無生命的不同。

人既然有生命，不是機器，就應該永久長存，爲什麼也要衰老？也要病死？其中有兩個理由：（一）是從母胎所帶來有限量的先天生命力，愈用愈少，自幼至老，數十年未嘗添補；（二）是對於先天生命力所賦與之後天生命權，極端放棄，自幼至老，數十年未嘗執管。因此身體遂不能永久維持。

何謂後天生命權？即是心臟的跳動，肺部的呼吸。**頂批** 心跳比呼吸尤重要。

何謂先天生命力？即是使心臟跳動、使肺部呼吸的一種天然能力。

用什麼方法可以添補人身之生命力？即是由身外太空中攝取先天炁，透進自己身中，與後天肉體相融合，即是道書所謂「以無涯之元氣，續有限之形骸」。如此，則生命力可望永久不竭。

用什麼方法可以執管人身之生命權？即是神氣合一，大靜大定，做到脈不跳動、鼻不呼吸，與死人無異，惟身體柔軟溫和而不至於僵冷，即是道書所謂「脈住息停」「未死學死」。出定以後，脈息又皆回復常態，飲食、言語、動作亦無異於常人。如此，則生命權可操之於自己，而不受造化所支配。自己要死就死，無絲毫痛苦；自己要活就活，不限定年齡。工夫到了這樣程度，方是仙學初步成功。

以上所言特別生理之人，世間很難看見，但亦非絕無。我於光緒三十三年，在安徽省懷遠縣親自遇着，彼此相聚兩旬之久，許我實地試驗，證明仙家之說非虛，並改正道書上各種錯誤，然後我方下決心，拋棄家庭，淡薄名利，費四十載光陰，閱千百部秘籍，打起全副精神，專求這一件事。奈以緣會蹉跎，頑軀垂老，撫今追昔，悲感良深，此後無論環境如何困阨，亦當於荊棘叢中闢開路徑，入山之期當不在遠。惟念同志諸君，被書所迷，對於真理尚多未悟，不能不有徹底之啟發，留作後學之南針，特將實行上最關重要各點，設爲問答，依次列述於左。

問 前文所謂行立坐臥四種工夫，如何分別？

答 行立坐臥，乃人身四種不同的姿式，並非工夫有四種做法。因爲仙道工夫本是活潑潑地，若經年累月閉門死坐，實不合法度。

凡遇良辰美景，日煖風和，宜到郊野空曠地方散步，務須緩緩而行，切忌奔跑喘汗。當其行時，不妨兼做神氣合一、重心放置臍下的工夫。

偶或於松陰泉石之間、花艸園林之際，小立些時，亦可做同樣的工夫。但須注意，身榦要正直，兩脚要站穩，預防工夫做得恰到好處時，精神一恍惚，筋骨一鬆弛，不免有傾跌之危險。

至於坐的姿式，盤腿或垂腿，聽其自便，總以能耐久不動爲妙。工夫仍是神氣合一，至少要靜坐一小時，方可起身。效驗常發生於半小時以後，在半小時之前，難見功效。佛教跏趺坐不適於用，長久下去腿要生病。

睡的姿式，有仰睡，有側睡，有半靠睡。若要攝取先天炁，以仰睡爲便，得效最快。若止做神氣合一的工夫，側睡亦可。

飽餐之後，只宜散步，不可打坐，更不可睡倒。若犯此誡，恐得胃病。坐功宜在飯後二小時，睡功宜在飯後四小時。吃飽了立刻就做工夫，毫無效驗。

問　照如此做法，要做到初步成功，約需多少歲月？

答　如此做法，只能去病延齡，使身體健康而享高壽，不能說幾時可以成功。若要成功，必須工夫一步緊似一步，逐日增加時間。設環境適宜，工夫急進，一日不斷，五年可成；　若工夫緩進，偶有間斷，十年可成；　倘或中途發生魔障，即不能限定年月。所謂五年、十年，其中有個計算，就是按每天逐漸增加之數積累上去，到某種程度爲止，並非隨意虛擬一個數目以寬慰自心。

第一年　行立坐臥工夫，每天隨意煉習，不拘時間。

第二年　上半年終，每天除隨意煉習的工夫不算，正式工夫必須做到接連二小時靜坐不動；　下半年終，每日正式工夫必須做到接連三小時靜坐不動。最初從一個鐘頭做起，每天加二十秒鐘，三天加到一分鐘，三十天加到十分鐘，半年一百八十天，加到六十分鐘，即是加一小時。

第三年　上半年終，每天必須做到接連四小時半靜坐不動；　下半年終，每天必須做到接連六小時靜坐不動。每天加半分鐘，兩天加一分鐘，一個月加十五分鐘，六個月加九十分鐘。

第四年　上半年終，每天必須做到接連七小時半靜坐不動；　下半年終，每天必須做到接連九小時靜坐不動。

第五年　上半年終，每天必須做到接連十小時半靜坐不動；　下半年終，每天必須做到接連十二小時靜坐不動。

頂批　此種工夫，在夜間行之最便，因爲晝間要飲食活動，不能久坐。

問　接連十二小時靜坐不動，身體如何忍耐得住，豈不是像受刑罰一樣嗎？

答　我所說的，已經比古法減輕一半，若是完全按照古法行事，工夫做到五年期滿，可以說晝夜二十四小時身體沒有活動的機會。我改爲十二小時，已經是大開方便之門。

問　這樣做法，豈不是活死人嗎？

答　神仙工夫，原來是未死先學死，這個暫時的死能由自己做主，然後長久的生，方能由自己做主。若不經過此關，如何能成仙呢？

問　這樣死打坐，就可以成仙嗎？

答　你看他外表像死打坐，不知他身內生理上已起了微妙的變化，非但比較真死人絕不相同，即比較普通活人亦大大兩樣。氣滿自然不思食，神全自然不思睡，息自然停，脈自然住。到如此程度，雖非入聖，確已超凡。一切效驗，都是從死打坐上得來的。除此之外，別無他法能到此程度。

問　靜坐工夫，既如此重要，何以前文又說長年累月閉門死坐不合法度？

答　他們靜坐，或守竅，或運氣，或止觀，或參禪，做到幾年以後，生理上並無變化，呼吸仍舊不停，脈波仍舊跳動，仍舊要吃飯，仍舊要睡眠，不能依工夫淺深層次逐漸進步，故曰不合法度。

問　彼此一樣的靜坐，何以結果不同？

答　這就因爲身中先天炁充足與不充足的關係。譬如一粒種子，種在土裏，好種子自然生長**頂批**　上海各人鈔本缺少「生長」二字好花菓，壞種子就無美滿的成績可見。先天炁充足，是好種子；　先天炁虧損，是壞種子。若專在後天物質上做工夫，不識先天的作用，是無種子。肉體譬如土地，飲食譬如肥料，工夫譬如人工。止有種子，沒有土地、肥料、人工，種子固然不能生長；　若止有土地、肥料、人工，沒有種子，又豈能生長植物、開花結菓？ 所以，同是一樣的靜坐，而有成功不成功的分別。

問 靜功能做到十二小時不斷以後，是否再要增加鐘點？

答 慢慢的增加亦可，否則只須保持十二小時的限度已足。

問 從此以後，是否每天必須接連靜坐十二小時，或亦有休息之期間否？

答 到此程度，可以暫時休息，但須注意勿使工夫退化。

問 工夫做到鼻不息、脈不跳、日不食、夜不睡，衰老病死之患，可以免除，此時已達到超人之境界矣，然而陽神尚未脱體，各種神通尚未發現，意外的災禍仍不可免，若要再求進步，其法如何？

答 有急進與緩進二種法門，聽人自便。

急進法，要借助於太陽真火之力。 宜選擇溫熱地帶之高山，掘一土洞而居，面向東南，洞內須乾燥無潮濕，又須潔淨嚴密，不讓毒物侵害。 每天候日出時，人在洞外，吸取太陽光線，由鼻孔及皮膚毛孔，進入身內，和自己的元氣元神渾合煅煉，打成一片，結成一團。從寅時起，至未時止。申時以後至夜間丑時，人隱藏洞內，不見光明，專做靜定工夫，以收歛陽氣。到次日寅時，仍如前法。每天止飲泉水，斷絕其他食物，不過三年，陽神即可透頂而出，不求神通而自得神通。此爲先出陽神後得神通之法。

緩進法，初步工夫成功以後，暫可告一段落。此時或遊山玩水，優游自適；或移居洞天福地，培養性靈。終日靜坐亦可，長眠亦可，食亦可，不食亦可。若要求神通，須在靜定之中作一觀想，隨時演習，大概是先得天眼通，次得天耳通，再次得宿命通。他心通最難得，如意通乃出神以後之事。但是像這樣做法，陽神却不易出現，能脫體的或許是個陰神。若自己不以爲滿足，要將陰神變爲陽神，須得重新煅煉一番。陰神可以出而不出，神通可以用而不用，日日攝取先天真一之炁，加入身中，密集煅煉。越集越厚，愈煉愈精，功圓果滿，跳出五行之外，非但不是陰神，並且超過陽神，可以離開地球而上昇天界。此爲先得通後出神，乃緩進法。成功不能限定年月，大約需十五年至二十年。

問　自始至終，在一處地方做工夫，做到出陽神爲止，中間不欲遷移他處，一勞永逸，是否可能？

答　恐不可能，如其可能，吾亦甚願。一者，道法上不可能；二者，人事上不可能。

何謂道法上不可能？初步工夫，要在生氣旺盛地方，須得山清水秀，鳥語花香，植物蕃多，田園肥沃，農產充足，食用無憂，土厚氣濃，翕收便利；二步工夫，要在靈氣凝結地方，須得洞天福地，泉石清奇，叠嶂回巒，煙雲舒捲，藏風聚氣，門户幽深（門户幽深指山水之形勢而言，不是房屋之門户），松徑茅庵，離塵絕俗；三步工夫，乃出陽神以後之事，要在殺氣偏勝地方，須得千丈高峯，懸崖峭壁，下臨無地，上可接天，草木不生，冰雪滿布，人跡罕至，蛇虎潛踪。此三種境界，絕不相同，在一處地方豈能兼備？

何謂人事上不可能？凡是生氣旺盛之地方，出產必定豐富，每易爲惡勢力所垂涎，難保不起争奪之禍。在二三十年長時期中，要想本地方始終平安，頗難如願。再者，今日匪類，常喜嘯聚山林，因此所謂洞天福地者，亦有時不免被其直接侵害，或間接受累。若思患預防，則移居避禍原是意中事，比較穩妥地方，還是千丈高峯、懸崖峭壁之處。然未出陽神之人，雖有初步工夫，亦不敢輕易居此。

問　初步工夫，取生氣地方；　二步工夫，取靈氣地方；　三步工夫，取殺氣地方。是何理由？

答　人到中年以後，每患自己身中生氣不足，必須借助於外界無限量之生氣以培補之，故宜選擇生氣濃厚地方做工夫，則容易得速效。

及至做到氣滿不思食，神全不思睡，可知身中生氣已經充足，無須再取生氣，此時當煉習神通，故宜在有靈氣的地方做工夫，則神通易於成就。

及至得了神通，陽神出現，可以稱爲神仙，在這個時期中，憑自己力量，一面接引有緣同志，一面救濟世間苦難，但是此等事業永無了期，待到後起有人，即可將濟度責任讓後起者擔負，自己就當做飛昇上界的工夫。所以要在殺氣重的地方去做的原故，因爲那個地方，人跡不到，又無毒蛇猛獸，而且溫度甚低，把自己肉體安放在適宜之處，能保存許久歲月不壞，可以放心大膽，專做超脫的工夫，無須要他人護衛。又因離開重濁濃厚之地氣已遠，而與輕清淡薄的空氣相接近，對於上昇工夫，亦有些許助力。

問　初步成功以後，飲食起居與普通有別否？

答 非但成功以後與眾不同，起手做工夫時候，早已有特別規定。

第一年　每天飯菜兩餐，補品兩餐，菓品一餐，共五餐。

第二年　每天飯菜一餐，補品兩餐，菓品一餐，共四餐。

第三年　每天飯菜一餐，補品一餐，菓品一餐，共三餐。

第四年　每天飯菜一餐，補品或菓品一餐，共兩餐。

第五年　每天僅食一餐，或飯菜，或補品，或菓品，輪流替換食之。

第六年　即當斷絕煙火食，每天僅食少許水菓，或終日不食亦可，或數日不食亦可。

所謂補品，大概屬於藥餌之類，或是普通飯菜中所缺少之物質，而為身體上所需要者。吃補品，須有醫學知識，不可亂吃。

問 男女之事如何？

答 預備下手做工夫的時候，即完全斷絕。正式做工夫，更要絕對禁止，否則在五六年極短期間，如何能修成半仙之體。

問　精滿自遺，或生精太多、身中受了刺激而動慾念，這兩種困難用什麼方法應付？

答　有各種不同的方法，因人而施，不能執定某法最好。若工夫有效，這兩種困難也就能免除了。

問　各種方法用盡，仍舊無效，將如之何？

答　决無此事。世間雖偶有百法無效之遺精病，乃尋常不做工夫的人始有之，專門修煉家若得此病，豈非笑話！

問　常聽他們做工夫的人說起，多有患遺精病者，不知是何理由？

答　他們的工夫做法都不高明，所以越做越遺精，停止不做則遺精次數反而減少，此等工夫，尚不能却病，安望成仙？

問　自古相傳煉精化氣之法，用之能獲效否？

答　你先要明白精是何物，若認爲交媾之精或遺洩之精，那就錯誤了。須知化氣之精，即靈源大道歌中所謂「神水」，不是濃厚粘膩之濁精。神水可以化氣，濁精不能化氣，愈煉愈硬則有之耳。況且，煉精化氣之法已非上乘，我所傳的口訣乃「煉氣不化精」，比較煉精化氣更高一着。

問 假使慾念旺盛，不易制伏，將如何辦法？

答 慾念之起，有關於生理上的，有關於心理上的。如身中生精過多，刺激神經不能安定，這是生理作用，若是煉氣工夫做得好，後天濁精自然就不生了；又如看見有誘惑性的書籍圖畫，心理上先受感觸，而後影響到生理上，只要你永遠禁絕不看，就無妨了。況且在山林中專做清淨工夫，足跡不履城市，又與家庭隔離，環境上的誘惑，也可以避免，慾念既無起因，決不至於旺盛到不易制伏之地步。此層毋須過慮。飲食之中含有興奮刺激性的，宜勿入口。

問 陽神與陰神之分別何在？

答 各家道書上皆言，陽神可以現形與大眾看，能言語，能動作；陰神止有靈感而無形質，雖能見人，而不能爲人所見。道本無相，仙貴有形，故修煉家以陽神爲足貴。但余亦不喜徒唱高調，像前人所著道書一樣的藐視陰神。雖是陰神，究竟比不神總强得多了。當今之世，又有幾個能出陰神呢？雖常聞某某等能出陰神，但亦無實證。

問　陽神脱離軀殼而能獨立現形，是依賴何種物質而構成他的身體？

答　陽神構成，依賴氣體，所以道書上說「聚則成形，散則成氣」。

問　用什麼方法，方能與氣體相結合？

答　初下手，就用神氣合一之法。做到五六年後，初步工夫成功，也不外乎這個方法。直做到出陽神爲止，到底還是這個法子。雖有許多輔佐的方法隨時應用，然主要的方法惟有神氣合一而已。

問　神氣合一之法，極其簡單，何以能得這樣大的效果？

答　凡是最上乘的方法，都是最簡單的。若方法愈複雜，則工夫愈難做，而效果亦愈不易得。況且，這個方法是從造化根源上探索出來的，幸勿輕視。

問　如何是造化根源？

答 我用近代的科學與古代的仙學互相比較，互相聯繫，而擬定一種方式，並加以說明如左。

昇降變化次序表

順則成人
逆則成仙

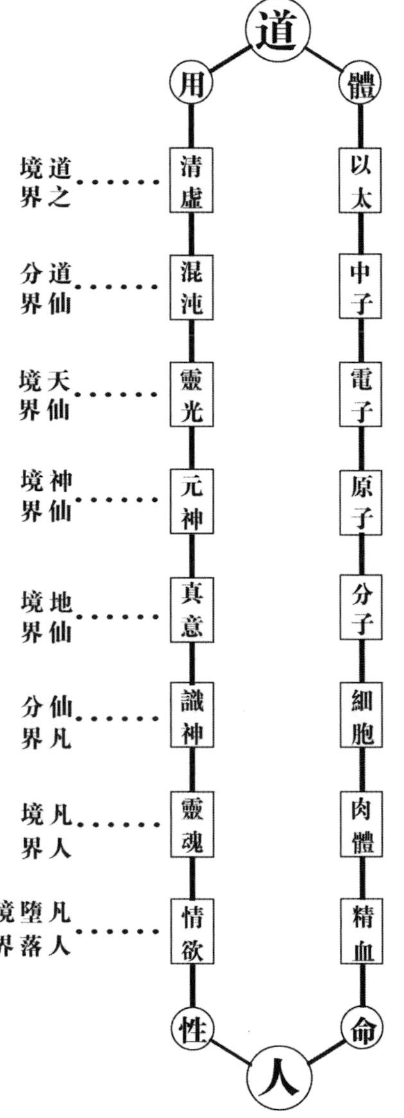

頂批 此表成於民國三十四年陽曆四月間，彼時原子炸彈尚未出世，普通人不知原子爲何物。受過科學教育者，雖知原子、電子之說，亦未聞中子之名。蓋從極冷僻、極專門之科學書中得來，遂作成此表。及至三十四秋季，日本受兩顆原子炸彈而投降，世人方震驚於原子之威名。至於用中子擊破原子之說，只有少數科學家知之，普通人尚未了解。

老子道德經第二十五章云：「有物混成，先天地生，寂兮寥兮，獨立而不改，周行而不殆，可以爲天下母。吾不知其名，字之曰道。」按：此即今日科學家所推測之「以太」境界。

老子道德經第四十二章云：「道生一，一生二，二生三，三生萬物。萬物負陰而抱陽，冲氣以爲和。」按：所謂「道生一」者，即是「以太」凝結成中子，又名中性電子核；所謂「一生二」者，即是中子分裂爲陰陽電子；所謂「二生三」者，即是陰陽電子由多少不等的方式組成各種原子；所謂「三生萬物」者，即是一種原子結合或二三種原子化合，而成無量數物質，最小的單位，名爲分子；所謂「萬物負陰而抱陽」者，即是無論何種物質，雖其狀態不同，都以原子爲基礎，每一個原子皆有核心，核心乃中性粒子與陰陽電子合組而成，但偏於陽性，另有或多或少之陰電子圍繞此核心而旋轉，故曰「負陰而抱陽」；在平常狀態時，原子均爲中和性，即陰電子之數無論多少，其負電荷之總量恰等於其電核正電荷之量，故對外不顯電性，此即道德經所謂「沖氣以爲和」。中國二千幾百年以前最古的學說，與今日科學家新發現的理論，若合符節。可知，宇宙間生物生人，有一定公式。古今中外，哲學科學，若追根究底，到了極頂，無不相同。**頂批**　此皆原子炸彈未出世以前之學說，今日雖其學說較詳，然大致亦不外此。

列子天瑞篇云：「有太易，有太初，有太始，有太素。太易者，未見氣也；太初者，氣之始也；太始者，形之始也；太素者，質之始也。」按：所謂太易者，即是哲學上的無極、科學上的以太；太初者，即是哲學上的太極、科學上的中子又名中性電子核；太始者，即是哲學上的陰陽、科學上的電子；太素者，即是哲學上的五行八卦、科學上的原子分子。

莊子天地篇云：「泰初有無無不以思想，不能言說，有無名即老子所謂「道常無名」，又云「無名天地之始」，在科學上屬以太階級，一之所起即老子所謂「道生一」，有一而未形即中子階級，物得以生謂之德即修煉家所謂先天一炁。此時尚未分陰陽，仍是中子階級，未形者有分此時已分陰陽，即是電子階級，且然**頂批**　「且然」二字，作「始焉」解無間謂之命雖分陰陽，仍混合一團而無間，乃原子階級，流動而生物電子旋轉不停，原子化合化分，皆是流動之象，無量數的物質從此而生，乃分子階級，物成生理謂之形植物性的細胞組成植物之形，動物性的細胞組成動物之形，各有各的生理，形體保神形體與精神兩相保守，形保其神，神亦守其形，**各有儀則謂之性**各有其生理上之儀式與法則，植物有植物之特性，動物有動物之特性，**性修反德**人爲萬物之靈，人類中有超等智慧者，用修養工夫返還到先天一炁之地位，即是成仙，**德至同於初**修養工夫到了至高至極，和宇宙本體合而爲一，即是成道。初者，指泰初而言，同於初即是同於道。」

天地萬物，皆由道而生，人亦是從道中來，但須經過幾層階級漸次下降，然後成人。凡人若要成仙，須用逆修之法，就是從真意下手，脱離肉體細胞階級，而以氣體分子爲自體。此即我平日所主張之神氣合一工夫。工夫成熟，身中生理完全變化，已非凡人境界，此時可稱爲地仙。

進一步，以元神爲用，以原子爲體，即是道書所謂「煉氣化神」工夫。工夫成熟，陽神出現，可稱爲神仙。

再進一步，以靈光爲用，以電子爲體，即是道書上「煉神還虛」工夫。工夫成熟，飛昇上界，可稱爲天仙。

至於攝取先天炁的工夫，是以混沌爲用，以中性電子核心爲體，乃天人合一之道，上自天仙、神仙、地仙，下至凡人僅爲却病延齡而做工夫，皆不能外此，捨此則不配談修煉。

宇宙間，凡是物質，同時必具足相當之能力。凡是一種能力，必根據一種物質而來，不會憑空的發出能力。

物質是體，能力是用，體用是一物二面。

專以人而論，命即是體，性即是用，性命是同出一源。

物質不能創造，不能消滅，但是可以千變萬化；能力不能創造，不能消滅，但是可以互相轉換。

古今講唯心哲學的，每以爲宇宙間物質境界，皆是幻妄，一切唯心所現，心生則境生，心滅則境滅，這種理論只知有用，而不知有體；講科學實驗的，只認得人是各種物質集合體，而對於意志、思想、情欲等等，則無法解釋，這又是僅知有體，而不知有用。或者以爲心性是體，不知心性乃物質所發出之能力，遂誤認用即是體，不識真體究爲何物，空談心性，亦無着落。

次序表中，右邊一行排列者皆是體，左邊一行排列者皆是用。科學家所研究，都在體上；仙學家做工夫，都在用上。

我們的肉體由父精母血交合而生，應該精血在先，肉體在後。**頂批** 或謂「母血」應改作「母卵」，方合於實際。但「卵子」之名，須讀胎生學方知。普通人只知有鷄卵，不知有人卵，故此處名稱仍用舊習慣。識者即將「血」字作「卵」字解，亦無不可。但是精血又是由父母之肉體而生，沒有肉體，那有精血？自然是肉體在先，精血在後。父母之先，又有父母，若問最初父母從何而來，既不是天上降下來的，也不是土裏鑽出來的，自然是一種似人非人的高等動物變化而來。高等動物，又是低等動物進化而來，低等動物又是更低等動物變化而來，如此一層一層追問下去，到了極處，就是原始細胞。況且人類的肉體，又是無量數細胞組織成功，把細胞階級列在肉體之前，理由十分充足。細胞雖小至肉眼所不能見，但不能不承認它是物質。既是物質，當然是各種分子之集合體，因此把分子列在細胞之前。細胞形狀各別，在顯微鏡中可以看見；至於分子，雖極精之顯微鏡亦不能見。分子之上有原子，原子之上有電子，電子之上有中子，中子之上有以太，科學研究，到此爲止。此爲道之體，以後再講道之用。聞近年新發明有所謂電視顯微鏡者，可以窺見分子形狀。

情欲者，凡喜怒愛憎及各種行爲，專以感情爲用，而不問事理如何；又或喜怒愛憎及行爲等，雖不背於事理，而發之太過，不得其平；又或沾染惡習，難以戒除，懷抱野心，不自量力；又或嗜欲濃盛，異乎尋常，色欲昏迷，不顧利害。這一類的人，皆陷於情欲羅網，莫能自拔，在生如此，死後可知，故名爲墮落境界。**頂批**　最下之一級是情欲。

肉體之人，既有精血，自然有情欲，精血是物質，情欲即是精血所發出之能力。有體必有用，若要情欲完全消滅，無論在事實上或理論上，皆不可能。然而人的靈魂，包含許多成分在內，有情欲，有識神，有真意，有元神，有靈光，一層比一層清，一層比一層高，情欲不過佔吾人靈魂中之一部分。自識神以上，皆屬於理智範圍，若僅知任情縱欲，而昧却理智，則不成其爲人矣。**頂批** 由下而上第二級是靈魂。

細胞階級，乃仙凡分界處。細胞是物質，識神是細胞所發出之能力。細胞是體，識神是用。眼耳鼻舌身意六種識神，皆以細胞作根據。識神外用，發揮細胞之能力，即是普通凡人境界；識神內歛，含養細胞之能力，勿使其過分耗散，即可以去病延齡，有修仙的資格。**頂批** 由下而上第三級是識神。

分子階級，是地仙境界。無論礦物、植物、動物，其本身之分子，皆有一種團結力，此力即道書所謂「真意」；無論固體、液體、氣體，其分子皆有一種運動力，此力亦是「真意」於中主持。吾人若要修仙，須從真意下手，而不用識神，則可以脱離細胞階級，而與氣體分子發生關係。細胞能力，漸漸變化爲分子能力，識神作用，漸漸變化爲真意作用，生理上既大起變化，於是有鼻不息、脈不跳、不食不饑、不睡不倦種種效驗，地仙資格因此而成。**頂批**　由下而上第四級是真意。

原子階級，是神仙境界，元神即是原子之能力。所謂陽神者，即是以氣體原子爲身體，集聚則有形，爲人所見，散開則無形，而人不能見。元神與識神不同處：元神特點在静定，識神特點在分別。真意介乎元神與識神之間，非静定，亦非分別，工夫成熟，自能知之。真意特點在感通。

電子階級，是天仙境界，靈光即是電子之能力。**頂批**　由下而上第五級是元神。神仙煉就陽神，可以在空中來往，而不能飛出地球之外，因爲他雖没有肉體之累，究竟還有氣體存在。氣體亦是物質，仍不免要受地心吸力所牽引。到了工夫進步，氣體之陽神，化爲電子之靈光，則脱離物質範圍，而不受吸力所牽，遂得自由超昇上界。**頂批**　由下而上第六級是靈光。

修成地仙，可以免除老病死之苦，而不能抵禦鎗砲子彈，因爲他尚有肉體之累。倘有預知未來的神通，選擇比較安全的地方而居之，災害自不能及。

修成神仙，可以不畏鎗砲子彈，設不幸遇着幾百磅炸彈之力，恐亦不能抵抗，因爲他尚有氣體存在，猛然一炸，無量數氣體分子彼此互相撞擊，地裂山崩，雖陽神，亦不免被巨大震力所破壞。若距離甚遠者，當然無恙。

修成天仙，純粹的一片靈光，非但不畏炸彈，縱將來地球毁滅，亦不受影響。所以，我輩修煉，當以天仙爲目的，勿以小成而自滿自足。此乃徹底之論，望有志者共勉之。**頂批** 或問：再進一步當如何？答曰：此時不必問，到了將來再去研究，尚不嫌遲。

補錄 以太是一個非物質的媒介品，佔據無窮的地位，充滿宇宙而無間斷。此種媒介品之生存，似乎對於兩體之間力之運輸甚爲重要。即如太陽之於地球，雖有空間分離之，然重心上及光線上仍相聯繫；又如電力與磁力，經過真空而傳運，亦顯出有傳運能力之存在。所以，供給磁電力之旋轉，亦因有以太左右於其間。除却傳運旋轉力以外，其性質絕對是消極的——完全透明的，不能分析的，缺乏粘性的。此段譯自大英百科全書。**頂批** 此乃乙酉年陰曆五月廿一日所增補。當日高堯夫君由大英百科全書中鈔一段原文給孟、謝、方、朱鈔本無此一段。此段乃譯文，無意中發現，恐其再遺失，遂補錄於此。我，惜稿件散失，難以尋覓。

尚有經驗數十條，未能一一筆錄，俟有機會，再謀補充。

民國三十六年十月三十日

附錄：去病延齡方便法

不是專門修煉，而僅以健康長壽爲目的者，可用此法，保能如願。

早晨天微明即起，静坐兩點鐘，然後再洗臉、吃飯、做事； 夜間亥時下四刻、子時上四刻静坐兩點鐘，然後再睡下。 每日早晚共計静坐四小時已足，不必增加鐘點，只要有恒心，日日如此，勿使間斷，並無妨於辦事時間。

冬季夜長晝短，早晨宜在天明以前即起，坐到日出後爲止。 性急不耐久坐者，起首止坐半點鐘，後來漸漸增加到一點鐘，再漸漸坐到一點半鐘，再增加到兩點鐘爲止，以後即不再增加。 頂批 坐到一個鐘頭，若不能增加時間者，即止於此亦可，不必勉强增加到兩點鐘之久。

當静坐時，毋須守竅，毋須運氣，毋須止念，毋須迴光返照，毋須存想丹田，毋須舌搭天橋、手扣合仝，毋須眼管鼻、鼻管心，毋須其他一切花樣，只要身體端正，不動不摇，即爲合法。 兩腿或盤或垂，眼睛或開或閉，那些都可以隨便。 至於兩手或安放在中間，或分置於左右，更不成問題。 惟周身衣服不宜束縛太緊，褲帶要解鬆，坐墊要柔軟而厚，富於彈性，勿使身體有絲毫不舒適之處，蚊蟲、臭蟲、跳蚤等類皆要驅除乾浄，坐長久了，能把自己身體忘記最好。**頂批**　正當静坐時，或有用數息法者，或有兩眼觀鼻端法者，或有用守印堂山根法者，余以爲都不好，最好是用聽呼吸之法。不是聽有聲之呼吸，是聽無聲之呼吸。聽久了，自然心息相依，神與氣合而爲一矣。

若嫌雜念太多，用數息法亦可。其實雜念與静坐是兩件事，雜念並不妨礙静坐，只要身體静坐不動，雜念聽其自然亦無妨。**頂批**　最好是身口意三不動。但意不動甚難，先作身口不動，再漸漸調伏意識可也。

每次開始静坐之前及静坐完畢之後，宜兼做全體運動，此法乃余所發明，只有一個姿式，凡五臟六腑、四肢百節、胸腹脊背、頭頸腰脇無處不運動到了，其功效勝過一大套柔軟體操。雖運動姿式極其簡單，奈紙上寫不明白，有知此法者，可以代爲轉教。

動功與静功相輔而行，方無流弊。偏於静而不動，亦非善法。

尋常若有精關不固或夢遺或早洩者，可兼做長筋術，此法乃福建人菲律賓華僑洪太庵君所發明，余稍加補充，果能行之日久，當見極大功效。

孔夫子說：「飲食男女，人之大欲存焉。」仙學家對於飲食男女確有徹底解決之法，然非普通人所能奉行。若僅爲去病延齡計，飲食一層可參考仙學必成第三步各條，已够應用，但不宜每餐吃得太飽，弄成胃病。

男女之事，要有節制，不可任意胡爲。特將禁忌各條開列如左，爲有志養生及改良人種者之一助。**頂批**　孔子之說，見於禮記。

關於天氣的　冷天非火爐不煖時，熱天單衣尚要出汗時，霉天潮濕氣重時，狂風暴雨時，震雷閃電時。

關於節令的　立春，立夏，立秋，立冬，春分，秋分，冬至，夏至。

關於紀念的　父母兄長忌日；　岳父岳母忌日此是女方的關係。

關於人事的　出遠門辛苦初歸時，處逆境胸懷鬱悶時，負重任工作緊張時，遭危險驚魂不定時，悲哀之後，憤怒之後，勞力之後，勞心之後，酒醉之後，飽餐之後，疾病之後，居喪之際。

關於年齡的此是就中國人身體而言，外國人身體比中國人強，可以加增一倍或兩倍。　二十歲以外一星期一次，三十歲以外兩星期一次，四十歲以外三星期一次，五十歲以外四星期一次，六十歲以外絕對禁止，身體稟賦異常者是爲例外。**頂批**　雖以星期爲標準，但到期若遇上文所列各種禁忌，則宜改期，不是到期決定要做。總而言之，這件事是虧本的生意，愈少做愈好。　**又批**　男子洩漏吃虧，女子生產吃虧。

關於女方的　月經期内，懷孕期内，產後三個月期内，年過五十月經斷絕以後絕對禁止，白帶病太重時，子宮病未愈時。

煙酒能戒斷最好，否則宜有選擇。酒類只有啤酒、葡萄酒、紹興酒、甜米酒可吃，燒酒、高粱酒、白蘭地酒傷人，雪茄煙亦傷人。捲煙上品的可吃，粗劣味辣者傷人。

無論何種修煉之法，皆從克制情欲下手，可見情欲是人生的大患，能阻上進之路，能開墮落之門。不必高談濶論，淺而言之，僅求健康長壽，亦非克制情欲不可。世間有室家和美，安享大年，無疾而終者，皆情欲淡薄之人，而非肆情縱欲之輩所能妄冀。

動靜兩種工夫，做長久了，各種病症漸次痊愈，自己覺得精神充足，體力康强，這就是極大的效驗，不必問身內有無特別景象發生，儘管照舊向前做去。倘或身中果真有異乎尋常的景象，切不可胡亂運轉，一面要小心護持，勿受驚駭，勿犯色慾，一面要請教諸位有經驗之人，仔細討論用什麼方法應付。若急切求不到應付之法，只好暫時停止坐功，勿再前進，俟將來有法應付時再繼續行功，否則恐不免弄出病來。

以上各條，似乎平淡無奇，實爲余數十年閱歷有得之言，果能依法奉行，决定可以達到目的，諸君幸勿輕視。無論少年中年，若認爲這種辦法是人生所必需的，要做就做，不必有所期待。光陰如流水一樣的過去，轉眼身體衰老，百病叢生，再想用功，已嫌遲了。黃帝内經曰：「夫亂已成而後治之，病已成而後藥之，譬猶渴而穿井，鬭而鑄錐，不亦晚乎？」已完。

後序

仙家修煉，至難者，真師難逢，真訣難聞。故世常有修士，皓首窮經，畢生研求而不得其要，一事無成。罕有全部貫通，登堂入奧，頭頭是道者。更遑論成仙證果、白日飛昇之事。

先師陳攖寧先生，一生研究仙學，力倡仙學應科學研究，使仙學學術在學界得到了認可。在其研究中，陳先生發現，自己研究仙學最初所主張的大道貴在公開之思想，並非上上之策，亦有許多難盡如人意之處。遂改變以前之論調，不輕言口訣，只注重談學理上事。

乙酉年即公元一九四五年正月下旬，師母吳彝珠因乳癌辭世。先師攖寧先生痛失仙侶，甚爲悲痛。爲使陳先生心情疏暢，南京孟懷山師兄邀先師攖寧到南京亞園小住散心。陳先生於亞園静室獨居，深感世事無常，浮生若夢，雖有必然延生之法，而難防意外事故之變。惟恐自己的多年研究之結果，未及傳授，而撒手而去，遂立意作書，將仙學天元清浄丹法之全部口訣，用功之詳細步驟，整理成書，以筆墨而代口授耳。

先生於乙酉三月十三日落筆，四月十五日成文，歷時一月，兩睹月圓，遂成仙學必成。並將此書手抄若干份，分贈身邊知己之學生。且將誡條立於封面，囑眾學生須謹慎傳授，嚴守秘密。然父輩好此道者，其子女未必亦好此道，對鈔本疏於保管，在所難免，以致鈔本流傳於外，爲某些人恃以爲貴。

余家中所藏之鈔本，乃先師陳攖寧先生爲余所抄。對孟懷山師兄家中初作，又有所增補。師謂余曰，此書有些地方，自己的意思尚未完全表達出來，故不能做定稿論，待以後有機會，還須補充。此即仙學必成未定稿成書之始末。

余原無意公開此書，然觀外界有將此書冠名學仙必成而高價出售者，此與先師當日著書之本意大爲不合。惟有將此書之真本全文公開，正本清源，方能發揮先師著書之真實意義。同時也可滿足仙學愛好者及研究者研究仙學之需要。故擬將真本原文，公開出版，以饗同好。若有機會，亦欲將先師手迹影印出版，供學人研究參考。

仙學必成未定稿，理論透徹，清静工夫之口訣一露無餘，是志心仙道之士，真實修煉，研究學理必讀之作。

另，先師確另著有學仙必成秘本一部。是書作於一九五三年先師陳攖寧先生來余家定居以後，爲余講解仙學秘訣時，隨講隨錄。此書純爲修仙實行口訣，僅先師親筆鈔本一部，外界絕無流傳，然暫時不便公開。

丁亥夏初胡海牙識於北京

談陳攖寧先生的參同契講義與仙學必成

陳攖寧先生一生著述頗豐，以我之見，其關乎仙學修煉最重要之著作有二，一爲參同契講義，一爲仙學必成。此二書當日雖被陳攖寧先生認定爲「未定稿」，然已將仙學修煉之理論與方法吐露無遺。愚見以爲，如果單純從實地修煉角度講，有此二書已足够應用。

參同契講義

參同契，又名周易參同契，作者東漢魏伯陽。魏伯陽師從誰氏，無考。其著參同契，則爲後世丹家譽爲「萬古丹經王」。從作者魏伯陽「竊爲賢者談，曷敢輕爲書。若遂結舌瘖，絕道獲罪誅。寫情著竹帛，又恐泄天符。猶豫增太息，俛仰輒思慮。陶冶有法度，未忍悉陳敷。畧述其綱紀，枝葉見扶疏」諸語，可知丹經著述之難。

陳攖寧先生參同契講義，作於一九三九年，是爲當時少數學仙求道者講課之講義。陳攖寧先生參同契講義，通過對參同契探究與發揮，詳盡地闡釋了古代仙家修煉理論之竅要。其中涉及修煉之基本要素、丹家術語之真實内涵、修煉突發事件之應對，並對相關問題參以前輩古人之妙論，以期聽講者能廣參博聞，觸類旁通。雖關鍵之處亦循舊例不予公開，依舊隱語多用，以示慎重，然已突破種種禁忌，將仙家之秘盡情吐露，使仙家之大要顯露無遺。當日聽講參同契講義者，人數不多，而記錄者僅汪伯英先生一人，其他人均未允筆錄。

陳攖寧先生成書於一九三九年的這部參同契講義，被陳攖寧先生自己認定爲「未定稿」，認爲還有未盡之意。後來陳攖寧先生遷居杭州銀洞橋胡海牙老師家中後，重新爲胡海牙老師講授參同契時，以當年汪伯英先生鈔寫本參同契講義爲底本，更著參同契辭解一部，對參同契講義中未盡之意，又進行了補充，使之更爲完善。汪伯英先生鈔寫本參同契講義中，有部分頂批或小字註解，應該是汪伯英先生本人之手筆。如註明「吾師云」等者，當是引用陳攖寧先生語。而此稿本曾經陳攖寧先生親筆校訂，可知這些批註當是得到陳攖寧先生之允可。

參同契講義除了汪伯英先生鈔寫本外，還有一本是陳攖寧先生到杭州後重新鈔寫本。據胡海牙老師當日言，此鈔本係請人鈔寫。但從字體來看，與陳攖寧先生另一風格相似。此鈔寫本尚有陳攖寧先生與胡海牙老師之校訂，而鈔寫者爲何人，已無從考證。此鈔本將參同契講義與參同契辭解合二爲一，並鈎玄提要，精而簡之，使全書格式，基本分爲參同契原文、辭解、直解三部分。部分内容還有重新註釋。

陳攖寧先生參同契講義之篇章排列，依據明代陸西星周易參同契測疏，原稿意欲分上、中、下三卷，但後來只見有「參同契講義上卷」，未見中卷、下卷之標註。

陳攖寧先生參同契講義一書，成於一九三九年，時當中國人民抗日戰争全面開展初期，政局不定，民心難安。以我之見，陳攖寧先生一直主張仙學「重口訣」，並認爲參同契爲仙家秘傳，此時公開宣講參同契一書旨要，很大程度上是爲了保護仙學之脈不使斷絶。故雖循舊例，不直指口訣通玄之處，並不許更多的人筆之於紙，但仙家修煉理論方面之論述，與前輩閃爍其辭者已不可同日而語。此或爲迫於時勢，保護仙學傳承之一權宜之計。

仙學必成

陳攖寧先生另一部主要的修煉著述仙學必成一書，作一九四五年。

陳攖寧先生自一九四三年左右，因戰亂之故，常往來於學生的家中，而住南京亞園孟懷山先生家中的時間較多。在南京亞園時，上海的學生也經常來南京探望並討教學問。陳攖寧先生手著業餘講稿一部，記錄了其中一些主要問答。仙學必成一書作於業餘講稿之後。一九四五年，陳攖寧先生的妻子吴彝珠女士因病去世。陳攖寧先生仙學必成篇前語云：

「天下事皆有因緣。余在滬時，迄無作書之意，到南京後獨居靜室，涼月滿窗，景物依然，心情迥別，爐香杯茗，偏惹愁腸，花影竹風，倍添哀慕。惜良宵之不偶，感人命之無常，痛仙侶之折雙，念師恩之未報，方始沉思遐想，落筆遺懷。」這也道出了其著書之緣由。

從陳攖寧先生的誡條備註及篇前語來看，本書之作，或許是爲了在戰亂中留存一絲仙學之種。這與其一九三九年前後講解參同契一樣，亦是爲了仙學保留一絲希望。

如果說參同契講義是對仙學理論的闡釋，那麼仙學必成則是對方法的介紹。在仙學必成中，陳攖寧先生從修煉的基本條件、道侶及道資的準備、做工夫需要的環境、修煉者起居飲食的要求、工夫的具體做法、做工夫中常見問題的處理等方面，詳盡闡述了從古至今仙家秘不外傳之修煉規程。

仙學必成成書於一九四五年，當時社會亦然在動盪不安之中，陳攖寧先生時已六十五歲，又因夫人吳彝珠女士病故，這些與其著仙學必成一書不無關係。參同契講義只允汪伯英先生一人筆記，而此書則由其親筆分鈔與諸弟子、學生。並首次明確書寫誡條，要求弟子及學生遵守。

世間事，總是難免意外。雖然陳攖寧先生誡條明確要求弟子與學生要慎重對待此書，然此書在若干年後，依然流傳於外。陳攖寧先生誡條中「此書慎防無意中被他人竊取或竊抄而去，改頭換面，出版賣錢，並防落到江湖傳道者的手中，添枝加葉，「當生意做」一語，並非多慮。這或許也是陳攖寧先生「關於實行工夫，先天後天各種作用，余遵師誡，未曾詳細寫出」的原因之一吧。

在二十世紀末，仙學必成殘本被冠以「學仙必成」而評點發表，其中有一句話，是說此書曾得胡海牙老師「索閱並複印留存」。爲此，我也問過胡海牙老師，老師說，確有複印之事，但當時他把完整稿也付於某君。後來在幫助老師整理仙學必讀一書時，我與老師商議，把仙學必成收錄在內。海牙老師認爲，這本書内容已經被他人公開，没有必要再在自己的書中收錄。我則認爲，外面的殘本不能代表陳攖寧先生的本意，既然内容已然公開，不若索性把全本公開發表，也可以爲研究仙學者正確地提供陳攖寧先生的相關思想。這件事商談了數次，海牙老師方允整理出版。

仙學必成一書，注重實修方法。然通過全書内容，也可以發現與仙學相關的其他重要信息。這也是閱讀此書者需要注意的。

寫在後面

在陳攖寧先生的所有著作中，我認爲，專門的仙學著作，以參同契講義、仙學必成爲最。若欲實修，此二書不可不讀。雖然陳攖寧先生在著述時未明言口訣，然二書之内容，已頗爲明了。希望此二書之整理出版，能對仙學喜好者能有所幫助。

二〇一七年七月十八日農曆丁酉年六月廿五蒲團子於玄玄居